디자인
좀
하십니까

디자인 좀 하십니까

지은이 | 노성진

발행일 | 초판 1쇄 2013년 4월 19일

발행처 | 멘토프레스

발행인 | 이경숙

인쇄·제본 | 한영문화사

등록번호 | 201-12-80347 / 등록일 2006년 5월 2일

주소 | 서울시 중구 충무로 2가 49-30 태광빌딩 302호

전화 | (02)2272-0907   팩스 | (02)2272-0974

E-mail | mentorpress@daum.net
　　　　 memory777@naver.com

홈피 | www.mentorpress.co.kr

ISBN 978-89-93442-29-8 03610

디자인
좀
하십니까

멘또 press

목차

서문

한때 '삽화적 시선'이라는 단어를 좋아했습니다. 물질과 영혼의 경계에서 디자이너의 고뇌를 대변하는 단어이기 때문입니다. 결과물에 있어서 회화적 풍윤함과 시각적 관심이 집중될 것이라는 기대가치가 그 안에 있기 때문입니다.

두꺼운 책, 지루한 글들 사이에 자리잡은 한 컷의 삽화를 보는 행복감. 이렇듯 디자이너는 자신이 바라보는 시선이 어디에 머무는가에 따라 디자인과 철학세계를 구축해갈 가능성이 높다는 것을 요새 자주 느끼고 삽니다.

오래전 그리스의 철학자 플라톤은 "예술가와 기술자는 무엇인가를 나타내기 위해 교묘하게 왜곡된 이데아로 유혹하므로 이데아의 배신자이며 사기꾼"이라고 역설했습니다. 흥미로운 사실이지만, 디자인은 모든 것에서 창조적일 수 없으며 때로는 촉매제로서 이데아를 유혹하는 자유영혼의 표현임을, 플라톤은 마치 시기하듯 은근히 비꼬고 있습니다.

이러한 맥락에서 이 시대 도시는 디자인이라는 이름으로 예술과 기술의 경계에서 적당히 예술인 양하고 적당히 기술인 양 포장하는 것의 경고이기도 합니다.

고대 그리스 철학자들을 위시한 수학자들과 건축가들은 당시 '미래'를 위해 도시를 건설한 게 아니라 '영원'에 초점을 맞춰 도시를 이

룩했다는 것을 알게 되었습니다. 유프라테스 강의 관개시설은 단순히 미래의 물 흐름에 초점을 맞춘 것이 아니라 본질적 물 흐름은 물론 인류와 물의 영원성에 주제를 놓고 설계하고 시공했다는 것입니다. 메소포타미아 사람들은 그러한 설계에 참여한 사람들을 현대개념의 디자이너로 보았을 것이고 예언자라고 생각했습니다. 그러나 그들은 그것을 의식하지 못한 채 스스로 기술자 혹은 예술가라고 생각했다는 것입니다.

'먼저 생각하는 사람'을 뜻하는 신으로, 주신主神 제우스의 불을 훔쳐 인간에게 내줌으로써 맨 처음 문명을 선보인 프로메테우스가 있습니다. 디자인은 마치 프로메테우스가 아테네에서 불을 훔쳤던 것처럼 인류에게 선물한 메시지인 '생각의 형태화', '놀라운 새로움', '생각하는 문명'이라면 이 시대 디자이너에게 던져진 오해와 기대 그리고 직설적 질문에 답할 준비를 해야 함은 필연일 수밖에 없는 일이 되었습니다.

어느 날 지방자치단체의 디자인포럼에서 주제발표를 끝낸 내게 한 시민이 말을 걸어왔습니다. 그가 던진 한마디는 "디자인 좀 하십니까?"였습니다. 그 순간, 디자이너가 내놓은 많은 결과물에 대해 사람들은 여차하면 상대의 간이라도 쪼아먹을 태세로 부리를 갈고 있는 맹금류처럼 덤벼들고 있다는 느낌이 들었습니다. 이 질문에는 많은 시사점이 내재되어 있는데다 현실적이고 직접적인 질문이어서 당황스러울 수밖에 없었습니다.

그것은 이 시대의 적절 표절과 적절 안전감이라는 문제의식, 진정성의 무감에서 오는 번질거림이나 표상적 가벼움에 던진 비수일 수 있습니다. 이에 대해 적절히 대답 해내지 못한 내면의 분노가 나를 괴롭혔고 또한 그 일은 내 나름대로의 철학적 내구성이 얼마나 허구였나를 깨닫게 한 계기였습니다.

서양에서는 인간의 죽음이 끝이라면 동양에서는 영원성으로 보는 것처럼 상호위치에서 각자의 시선으로 상대방에게 질문을 던진다는 것은 매우 당황스러울 수밖에 없는 일입니다.

서양의 디자인이 어떤 대상 속으로 파고드는 창조에 몰두한다면 동양의 디자인은 일필휘지의 정신적 세계를 강조하면서 그것을 체험하기 위해 대상에서 벗어나게 합니다. 이것은 결과물에 대한 다른 평가에 매번 노출될 수밖에 없다는 반증이기도 합니다. 그래서 디자인은 자신의 취향을 드러낼 수 없는 운명을 지니고 있나 봅니다.

한편 윤리적 차원에서의 디자인적 책임은 디자이너에게만 국한된 것이 아니라 생산자와 사용자 모두에게 있다고 생각합니다. 공조성과 상관성의 현대경제, 사회구조 내에서 공범일 가능성이 높기 때문입니다.

우리 사회가 불필요한 이데올로기를 떠나 디자인에서 윤리적 문제에 무감각하다면 이는 마치 나치의 광기와 북한의 핵실험 생떼를 묵인하는 결과와 같습니다. 도시는 천재성을 요구하는 디자인으로 결정되는 것이 아니라 진정성 있는 보편적 가치를 포함한 설득력으로 이루어지는 것이고 그것은 불변의 진리입니다. 이는 디자인이 인문학적 태도와 유기적 관계선상에 있음을 뜻합니다.

도시는 모든 디자이너들과 생산, 집행위정자들에게 "디자인 좀 하십니까?" 라고 날카롭게 질문합니다. 디자이너의 한 사람으로서 그것에 대한 단답형 대답을 내놓지 못하는 나의 우매함을 탓하면서 평서平書 수필 형식으로 주저리주저리 건어乾魚 엮듯 잡어雜語를 모아 장답長答하게 되었습니다. 필력이 일천하여 내용이 충실하지 못할 뿐 아니라 남 탓도 적지 않게 들어가 있음도 고백합니다. 부디 도시공간에서 가치충전의 작은 메아리가 되었으면 하는 마음으로 이 글을 마칩니다.

2013년 3월
노성진

제1장

정서로 말하는 디자인

가장 행복한 강의실

스스로 나를 가두고
모든 독설과 세상을 향해 던지는
우문愚問을 바로잡는 사람들이 있습니다.
가람가구학교 사람들……
이들을 위해 신명을 부르는 몸짓과
표정연습을 미리 준비해두어야 합니다.
Work는 땀입니다. 땀은 신명입니다.
나도 땀으로 관념과 관습을 바꾸고 싶습니다.
큰 그들처럼!
목표도달이 가장 빠른 행복한 강의를 위해!
디자인에도 신명이 존재한다는
엄연한 증거를 보여주고 싶습니다.

　나무의 지순한 향기가 늘 공간을 메워주는 가람가구학교는 매일 밤
과 낮으로 학생들로 붐빕니다. 실습실에서 기계를 돌리거나 직각자를
사용하면서 실습을 하며 강의를 듣는 학생들로 공간이 북적대기 때문
입니다.
　그들 대부분은 남녀가 골고루 섞인 채 다른 전공직업을 가진 시니
어들도 있고, 회화나 디자인을 전공한 일반인도 더러 있습니다. 전공
도 다양하여 생물학, 컴퓨터공학, 전자공학, 역사나 철학 등을 이수했

거나 가구디자인과는 한 발 멀어 보이는 직업에 종사하는 분들도 의외로 많습니다. 이미 사회적으로 자신의 위치를 확고히 다진 전문분야에 종사하는 사람들도 적지 않습니다.

매 기수마다 첫 수업에 들어가 그들을 대할 때면 어떤 삶을 살고 있는지 묻는 버릇이 생겼습니다. 삶이라는 것이 저마다 사연과 세월의 깊이를 담고 있지만 유독 이 가구학교에 지원하는 이유를 알고 싶었던 것입니다. 가구라는 것, 그것도 나무를 다루겠다는 사람에게는 뭔가 특별한 이유 하나쯤은 가지고 있어 보이기 때문입니다.

우리에게 나무는 무엇인가, 그렇게 심도있게 생각해본 적은 없지만 나무사랑만큼은 대단했던 우리 조상들의 심성을 헤아려봅니다. 농경시대에 어울려 늘 우리 곁에 존재해주었던 원목에 대한 추억만큼은 깊이 간직하고 있으니까요.

> 그 은은한 목향과 시선을 자극하지 않는
> 자연스런 무늬…… 색깔의 평화로움,
> 자르고 끼우고 포개어 만들어지는
> 손길과 그 풍윤함…….

그러고도 나무는 수많은 세월을 견뎌내는 참사람과 닮은 그 무엇이 아닌가 싶습니다. 세월을 두고 더 원숙해지며 더 겸손해지는 나무의 그 무엇이 사람의 삶과 세월 속에 함께 흐르며 나무에 감정이 이입되는 순간, 어느 시점에서 우리는 나무와 하나되는 자연스러운 순간을 맞이합니다. 놀라운 일이지 않습니까. 기다림과 여유를 놓치고 사는 이 시대, 우리 고달픈 영혼들에게 언제나 그 자리에 머물며 늘 '시간을 허락하는' 나무의 정직함과 인내……. 나무로부터 무언의 메시지를 받게 됩니다.

이미 나무를 매개로 하나의 감성으로 통하는 이 수업은 상대평가로 이루어지는 제도권교육의 배타적 경쟁지식과는 분명 다를 수밖에 없습니다. 물론 대안교육이겠지만 이미 사회에서 상당한 세월을 보내고도 새 삶과 직업에 대한 갈망으로 이 교육을 받겠다는 것은 그리 쉬운 결정은 아니었을 것입니다. 그래서 그들의 선택이유가 궁금하지 않을 수 없었습니다.

어느 순간 자신의 발견을 위해 경쟁하는 게 아니라 허무한 자본주의라는 거스를 수 없는 큰 힘에 이끌려 무작정 달려온 것은 아닌지 무력감에 빠진 자신을 발견합니다. 물론 이 작은 강의실이, 시끄럽고 먼지 나는 이 실습실이 그 문제를 해결할 수 있는 모든 해법을 지닌 것은 아닙니다. 그래도 경쟁모드 속에서 이탈한 사람들이 하나, 둘 모여 만들어진 이 따뜻한 공간은 어느새 신뢰와 믿음의 공간으로 변화되어가고 있었습니다. 나무라는 공동주제를 가지고 끊임없이 이야기들이 쏟아져 나옵니다. 어느덧 이곳은 서로에게 위로를 주는 큰 공간으로 커져갔습니다.

작은 불편함을 달게 받아들이며 행복감에 젖어 강의를 시작하고 마칩니다. 이곳에서는 학문적 근거와 논리를 들어 학점을 저울질하며 제도권 대학의 권위와 품위를 따지지 않습니다. 학생들이 학점을 따기 위해 골머리를 앓으며 불안감에 떨지 않아도 됩니다.

속도와 결과로만 평가되는 디지털시대의 대세 앞에 무력해진 사회, 오만방자했던 자본주의가 극도의 위기를 맞이하는 그 순간까지 치열하게 발맞춰온 우리는 이제 오랜 세월 사람이 부비고 문질러 매끄러워진 대청마루의 질박함이나 검고 차분한 나뭇빛 어머니의 혼수궤가 그렇게 그리울 수 없습니다.

사실 전공과 무관한 분야이면서도 작업에 일가를 이룬 목장木匠들을 보면 존경심마저 생깁니다. 정신노동과 육체노동이 적당히 배합되어 문무文武를 함께 겸비한 이들의 실천하는 모습을 지켜보면, 그들에 대한 매력 내지 간접적 카타르시스까지 느껴집니다.

느리게 산다는 것은 빠르게 산다는 것과 분명 차이가 있겠지만 '장욕약지 필고강지將欲弱之 必固强之' 즉 "힘을 빼는 일은 강한 자기변화에서 온다"는 노자철학을 음미해보면 그리 다르지 않음을 알게 됩니다. 조금 느리게 살지만 결코 빠름에 뒤지지 않는 절대 감지력을 지니기 위해서는 강력한 사고전환이 필요하다는 얘기입니다. 세월이 흐른 만큼의 가치와 자연적인 너그러움을 지니고 있다는 것은 역설적으로 분명 강한 사람만이 지닐 수 있는 절대 진리이기 때문입니다. 게다가 전문직업을 가지고 있음에도 또 하나의 자기내면을 만들어가는 사람을 보면 존경해마지 않을 수 없습니다.

나는 디자인이라는 것은 무엇을 분명히 규정해주는 디파인(Define)의 이니셜 'DE'와 자自, 인人의 한자를 더하여 '사람이 자연스럽게 드러나는 분명함을 보여주는 행위'로 해석하고 싶습니다. 디자인이란 모두에게 행복의 가치를 베풀고 고향을 선물하는 목수木手와 목장木匠의 진정한 시작이기 때문입니다. 그러므로 나는 강의를 하는 것이 아니라 나도 그곳에 학생으로 머물러 있고픈 마음입니다.

이제, 몽골에서 목회하면서 개척교회를 꾸리고 있는 K목사님 이야기를 하고자 합니다. 그분은 원래 건축을 전공하여 70년 중반부터 80년 중반까지 중동건설 붐이 한창일 무렵 대기업의 건설감리기술자로 일하다가 다시 신학을 공부한 분이십니다. 목사 안수까지 받은 그분은 어렵고 험한 오지 선교를 자처하고 나섰고 가족과 함께 떠난 이후 휴식년을 맞이하여 한국으로 돌아오게 되었습니다. 그리고 이곳 가구학교에 신입생으로 입학했습니다.

첫 수업 때 나는 '목사님이 언제 나무 만질 시간이 있겠느냐', '이 기술을 배워 어디에 사용할 예정이냐'고 물었습니다. 그러나 그것이 어리석은 질문임을 곧 깨달았습니다. 그분은 문화와 역사, 민족이 다른 타국가에서 목회한다는 것은 그들의 일부가 되는 것이고, 이것은 매우 중요한 점이라고 했습니다.

일단 내 입맛을 바꾸어내고 그들 풍습을 익히며 언어를 습득하고 나서 조금 더 그들에게 필요한 기술을 갖춘 연후에야 비로소 그것이 이루어진다는 얘기였습니다. "이제 언어를 구사하게 되었고 이웃을 사귀었으며 이후부터 자신이 할 일은 그들의 집을 고치거나 지어주고 가구를 만드는 일"이라며 그런 평범한 목사이고 싶다고 했습니다.

이탈리아의 예수회 선교사로서 중국땅에 최초로 기독교를 전파한 마테오리치라는 사람이 있었습니다. 그 또한 중국에 첫발을 내딛으며 중국문화와 언어를 습득하였고 서양학문을 중국어로 번역하는 일부터 수행했습니다. 마테오리치는 선교뿐 아니라 문화전도사로서 거대한 물꼬를 열었던 인물이었습니다.

갑자기 그가 떠오른 것은 지금 1년 휴식년을 맞이하여 쉬지 않고 몽골사람들과 소통하고자 그들의 목수가 되겠다는 일념으로 이곳 강의실 문을 두드린 목사님의 모습이 마테오리치와 닮았기 때문입니다. 그분의 선한 눈빛 속에 드리워진 의지는 나의 알량한 지식과 능력이 얼마나 일천한 것인지 깨닫게 했습니다. 아울러 규격화되어 있는 지식과 능력으로 모든 교육자격을 갖추고 있노라 말할 수 없음도 분명히 내게 일깨워주고 있습니다.

질문을 던진 것은 나였지만 오히려 그분에게서 무한한 신명의 가르침을 받았습니다. 그것은 행운이었습니다. 그분은 목회자일 뿐 아니라 신명의 전도사였습니다. 일생에 단 한 번도 자신의 삶을 바꾸지 못한 나에게, 좌절과 굴곡 속에서 두려움없이 다시 일어설 수 있는 용기를 가르쳐주었으니까요.

그날 이후 나는 강의방식을 바꿀 수밖에 없었습니다. 적지 않은 학점권력이 작용하는 일방적 전달방식으로 이루어지는, 소위 한국형 교육풍토의 현실 속에서 말입니다. 그후 나는 새롭게 강의를 준비하며 행복감에 젖게 되었고 즐겁게 강의에 임할 수 있었습니다. 지식과 레퍼런스를 일방적으로 전달하는 게 아니라 잃거나 상처받은 감성을 찾아내는 일대일 눈빛교환 수업방식이었습니다. 그것이 뭐 대단한 것이 아니고 눈과 어깨에서 힘을 빼는 일이었습니다.

일반화된 지식을 단순히 전달하는 건조함보다는 직감의 구수함과 즉흥성, 그 맛을 함께 나누는 경험공유 방법을 택한 것입니다. 이 행복강의실에는 K목사뿐 아니라 세상을 바꾸는 일에 첫 발을 들인 진정한 사람들이 있었습니다. 누군가 툭 하고 신명을 건드리면 우리는 거침없이 새 문화를 창조해낼 수도 있는, 세상도 뒤집을 수 있는 위대함을 지니고 있기 때문입니다.

인간을 구속하는 낡은 사고와 감정을 벗어난 영적 자유를 실현하기 위해 '워크Work'라는 시스템을 제시한 위대한 스승 구르지예프(Gurdzhiev 1877~1949)가 현대인들에게 던진 말이 있습니다.

당신은 감옥에 살고 있다. 내가 곧 감옥이다!

이 말은 자신을 스스로 가두고 모든 독설과 세상을 향해 던진 우문愚問을 바로잡아가는 가람가구학교 사람들에게는 해당되지 않는 말이지만 관습과 형식에 갇힌 이 시대 사람들에게는 그보다 더 강한 메시지는 없어 보입니다.

나는 그후로 신명을 부르는 몸짓과 표정연습을 미리 준비하지 않을 수 없었습니다. Work는 땀입니다. 땀은 신명입니다. 나도 땀으로 관념과 관습을 바꾸고 싶습니다. 큰 그들처럼! 목표도달이 가장 빠른 행복한 강의를 위해! 디자인에도 신명이 존재한다는 엄연한 증거를 보여주고 싶습니다.

천혜의 용담천이 시멘트 범벅으로 바뀌다

자연이 준 아름다운 용담천,
전설의 명소는 이제 사라졌네요.
강가를 빛내던 밤나무도 잘려나갔고요.
콘크리트 하천은 탁상행정의 결과일 뿐……
앞날의 환경을 위해서가 아니라
당장 송사리가 모기유충을 잡고
풀벌레가 생태계의 근원이 되기를 희망합니다.

건설에 절대적으로 목을 매던 시절이 있었습니다. 우리 근현대사에서 그것은 어느 정도 불가항력적인 선택이었습니다. 그러니 건설 위주의 산업화를 부끄럽게 여기지만은 않습니다. 식민지시대를 거쳐 동족간의 전쟁을 치르고, 좌우이념 대립이라는 정치의 소용돌이 속에서 피해의식은 날로 커지고 빈곤은 깊어갔습니다.

피해의식과 빈곤은 우리의 분신과도 같았습니다. 뭔가 변화가 있어야 했습니다. 눈에 띄는 확실한 변화를 꾀하고자 자연스럽게 사회간접자본이 확충되었습니다. 그리고 건설중심의 성장이 이루어졌습니다. 흔히 토건개발주의라고 하지요. 그리하여 전 세계가 놀랄 만큼 한국은 단시간에 국민소득 2만 달러를 달성했습니다. 지독한 교육열도 2만 달러 달성에 한몫했습니다. 그러나 성장이라고 다 좋은 성장은 아닙니다.

앞으로 우리가 추구해야 할 성장은 건설 위주의 일방적인 성장이 아니라 성숙한 지식이 밑바탕에 깔린 지성智性 본위의 성장입니다. 그것은 물질을 정확히 분석하고 이해하는 세밀함, 다층적으로 연결짓는 사회학, 지속가능한 생태적 자연관, 세계시민적 문화의식이 조화롭게 결합될 때만이 가능합니다.

그런데도 생태적 환경을 우선시해야 하는 하천개발을 단순히 파헤치고 쌓는 식으로 마무리하는 경우를 자주 보게 됩니다. 참으로 안타까운 현실입니다. 물을 이롭게 쓰는 이수利水보다는 홍수나 가뭄피해를 막는 치수治水에 비중을 두고 있는 행정이 오히려 우리를 부끄럽게 하고 있다는 생각이 듭니다.

생명들에게 물은 절대적으로 없어서는 안 될 귀중한 것이고, 그야말로 생명수라는 것은 상식 중의 상식입니다. 더구나 우리 민족은 예부터 끝없이 넘치고 흐르는 물도 허투루 버리지 않을 만큼 물사랑이 대단했습니다. 밥은 일주일간 먹지 않아도 생명에 별지장이 없지만 물은 3일만 마시지 않아도 건강에 치명적입니다.

공기처럼 이토록 소중한 물인데 하천개발은 참으로 생각없이 한다는 느낌을 지울 수가 없습니다. 가뭄피해를 막고 홍수가 범람하는 것을 방지하려면 치수야말로 중요한 일입니다. 그렇다고 하천을 치수로만 접근하는 현실 앞에서는 퍽이나 당황스러워집니다.

생태계를 지탱하는 하천이 가뭄과 홍수 피해방지라는 이름으로, 콘크리트나 발파석으로 제방을 쌓고 바닥은 수평으로 긁어내기 바쁩니다. 거대한 예산을 들여서 하는 일이 그렇습니다.

애초에 자연의 소산인 하천을 사람이 강압적으로 다스리겠다는 생각 자체가 만용인지도 모릅니다. 비가 오면 유속이 빨라져 제2의 유실사태가 벌어지고 생태계는 교란됩니다. 아무리 봐도 사람을 배려하고자 하천을 개발하는 것이 아니라 행정편의에 맞춰 하천을 괴롭히는 것 같습니다.

생태하천의 중요성이 부각되면서 가까스로 변화가 이루어지고 있긴 하지만 아직은 우리의 샛강과 하천이 치수목적으로 다뤄지고 있다는 것은 직감으로도 알 수 있습니다.

서울시는 양재천과 청계천을 성공적으로 정비하였습니다. 치수와 이수를 조화롭게 배분하고 조정하였습니다. 다소 이견은 존재하나 최소한의 노력으로 긍정적인 결과를 얻은 셈입니다. 이와는 달리 조상 대대로 아름다운 전설로 통하는 천혜의 하천, 용담천은 시멘트 건설로 마무리되었습니다. 지역민과 애환을 나누던 용담천, 추억이 깃들어 있고 생명의 나눔이 있었던 어머니 같은 용담천이 이제는 자연미를 거의 잃어버렸습니다.

20년 전 소싯적에 친구들과 물장구치던 고향이 그리워, 서울에 살던 저는 가족을 이끌고 용담천이 있는 마을로 이사했습니다. 큰아이가 유치원에 입학할 무렵이었습니다. 아이들에게 용담천의 물과 하늘의 별, 강가에 우거진 나무들을 선물하기 위해서 과감히 이사했던 겁니다. 바로 그날부터 용담천과 밤하늘은 아이들의 친구가 되어주었고 우리 모두 행복감에 젖어들었습니다.

그런데 행정당국이 치수사업을 한답시고 200억이라는 막대한 예산을 투입하여 용담천을 파헤치기 시작했습니다. 이 공사로 인해 70년 넘게 자란 천변 밤나무와 소나무소, 구룡소 등 명소들은 흔적없이 사라지고 말았습니다. 용담천의 자연스런 곡선이 칼처럼 날카롭게 변했고 자연석을 파낸 자리에 인공적인 발파석을 쌓아놓았습니다. 그 무지막지한 용담천 개발 앞에서 어찌 말을 잃지 않을 수 있을까요. 이후로 아이들은 선뜻 용담천에 가지 않았고 사람들의 발길도 자연스레 끊겼습니다.

하천의 주인은 사람이 아닌 송사리입니다. 사람은 단지 흐르는 물을 빌려쓰는 것뿐입니다. 산업개발과 경제성장이라는 미명 아래 마구잡이로 하천을 파헤치고 콘크리트로 메우는 일을 되풀이하면서 우리네 사람은 서서히 깨닫게 되지 않았습니까. 사람은 본질적으로 하천의 주인이 될 수 없다는 사실을 말입니다.

70년대에서 80년대를 지나오면서 하천을 정비하는 일이 많아졌고 그때마다 송사리는 삶터를 잃었습니다. 우리가 그들을 몰아낸 것입니다. 그리하여 걸쭉한 기름물이 흘렀고 샛강은 죽어갔습니다. 덩달아 사람들의 가슴 한켠을 밝혀주던 아련한 추억도 시들어갔습니다.

뿐만 아니라 각종 수질성 병원체가 사람을 위협하게 되었습니다. 송사리가 사는 하천이 살아 있는 하천이라면, 우리는 단 한 마리의 송사리라도 다시 용담천으로 모시고 와야 할 책임이 있습니다. 그런데 용담천 개발현장사무소는 '용담천 수해 상습지역 공사'라는 구호형 간판을 내걸어놓고 지역민의 의견을 듣거나 서로 협의하는 일없이 강압적 태도로 끊임없이 공사를 몰아붙였습니다. 마치 군사독재시대가 다시 온 것 같습니다.

계룡산과 천성산을 인위로 뚫어 관통도로를 만들면서 도롱뇽이 삶터를 잃을 위기에 처하자 기꺼이 목숨을 담보로 농성하던 지율스님의 심정을 용담천 개발현장에 와서야 비로소 알게 되었습니다. 이를 보면 토건개발 지상주의가 용담천만의 일이 아니라는 것도 쉽게 알 수 있습니다.

송사리 한 마리를 살리기 위해서 먼 길을 돌아서라도 신중하게 처리해주길 바라는 우리 기대와는 달리, 멋대로 공사를 밀어붙이는 지도자의 속내가 궁금합니다. 그는 환경을 사랑한다고 말하면서도 정작 용담천에는 콘크리트를 퍼부었습니다. 그가 말하는 환경사랑이 무엇인지 묻지 않을 수 없습니다. 지사직통 민원실에 이 사실을 알리고 민원을 제기해도 임기를 마칠 때까지 사이트에는 '처리중'이라는 말만 떠 있었던 행정태만!

지금이라도 생각을 돌려야 합니다. 수해복구 중심의 예산집행에서 예방적 하천정비 시스템으로 바꿔나가겠다는 건설교통부의 말은 그나마 반갑습니다. 건교부는 개선방안 확정에 대한 후속조처로 하천법을 개정하여 법적 근거를 마련하는 한편, 주요하천의 하천정비기본계획을 전면 재정비하고 지침을 고쳐 지방국토관리청과 지방자치단체 등에 보내 적용토록 하겠다고 밝혔습니다. 부서 공무원을 새 지침에 맞게 교육하겠다고도 했습니다. 다시 말해 하천정비기본계획에 제방을 쌓도록 돼 있다고 무조건 그 안대로 집행하기보다는 융통성을 발휘하여 현지 사정에 맞게 수정토록 하겠다는 것입니다.

어떻든 반가운 일입니다. 하지만 용담천을 비롯한 전국의 하천 300여 곳이 이미 정비가 이루어진 마당에 과연 이런 것이 책임 있는 조치인지는 지금으로선 알 도리가 없습니다. 훗날 사리분별이 밝혀지겠지요. 어느 시민단체는 치수정책이 실패했다는 근거를 이렇게 밝히고 있습니다.

> 최근 10여 년간 홍수피해가 1970~80년대에 비해 4.5배나
> 증가하고, 침수면적은 줄었는데도 하천변 개발 등으로
> 침수면적당 피해액은 7배나 급증했다.

지금이야말로 하천개발 방식을 전면적으로 재검토해야 할 시기입니다. 마구잡이식 하천개발은 재고되어야 합니다. 이제는 환경과 인류, 미래를 살리는 거창한 이유가 아니더라도 당장 송사리가 모기유충을 잡고 풀벌레가 생태구조의 기초가 되는, 그래서 우리는 물을 이용하고 나머지는 그들만의 세계로 돌려주는 것이 우리 인간이 마땅히 지녀야 할 큰 생각이라고 고집을 피워봅니다.

무개념의 하천개발로 유속이 빨라지고 이것이 오히려 하류에 치명타를 줄 수 있고, 훗날 이를 복구하려고 서둘러 예산을 짜다보면 그 순간의 위기는 모면할 수 있으나 지나온 오류를 되풀이할 수밖에 없습니다. 생각의 틀을 바꾸면 이러한 잘못은 미연에 방지할 수 있으리라 확신해봅니다.

이제는 "이수냐, 치수냐" 같은 양자택일이 아니고 둘 다 만족시킬 수 있는 상생정책을 펴야 합니다. 미리미리 보수하고 보완하는 사전관리(Before Service) 기법으로 전환한다면 더없이 좋겠다는 생각을 해봅니다.

흔적을 좇다
추억을 더듬다
양옥집 카페를 만들다

무표정한 도시
규율대로 움직이는 도시
향수병 젖은 나는
설계도면도 없이
마음 가는 대로 공간을 어루만졌다.
화양연화 붉은 수수밭 있는
카페 하우를 빚었다.
그대, 어찌하여 내 곁에 있는지!

우리는 무표정한 얼굴로 짐짓 거룩한 척 살아갑니다. 하지만 애써 말하지 않아도 서로 잘 압니다. 무표정한 얼굴은 삶의 무게를 덮기 위한 고육책이라는 것을요. 애써 표정까지 신경쓸 여유가 없다는 것이 겠지요.

올해는 유독 이런저런 사연이 많았습니다. 그것은 남의 이야기가 아니라 바로 나의 이야기이고, 얼굴을 마주보고 숨쉬는 이웃들의 이야기임을 더 가까이 느끼는 한 해였습니다. 어린 시절에 살던 집을 그리워한 적도 있습니다. 은밀하게 다락방이 붙어 있는 집이었지요. 가끔은 그곳을 비집고들어가 시간 보내던 일이 너무도 그리워 몸서리치기도 합니다. 추억은 어쩔 수 없이 디자이너에게도 작업의 소재가 되어 세월따라 하나가 되어가나 봅니다.

'2010년 소비 트렌드 키워드' 중 하나가 빅 캐시 카우(Big Cash Cow)였지요. 캐시 카우란 말 그대로 '현금 소'라는 뜻입니다. 젖소를 키우면 날마다 우유를 얻을 수 있듯이 캐시 카우는 지속적이며 안정적 수익을 보장하는 사업을 말합니다.

캐시 카우는 앞날이 불투명한 사회에서 변함없는 파워를 유지할 '불황형 실존주의와 위안 추구형 소비'를 대변하는 것이지요. 우리는 앞으로도 경쟁사회에서 살아남기 위해 끊임없이 스펙을 키우는 일에 몰두하게 될 것입니다. 상대적으로 심리적 불안은 더욱 깊어지리라는 것도 의심의 여지가 없습니다.

심리치료도 하고 동화도 쓰는 이미란 목사가 이렇게 경고한 적 있지요. "지금 인간이 불행한 것은 근대에 와서 생산자가 생산하고 싶은 대로 생산했고, 소비자가 소비하고 싶은 대로 소비했기 때문이다." 이 시대에 특히 귀담아들어야 할 경고가 아닌가 싶습니다.

그러나 자라면서 흔히 겪게 되는 수많은 일들ー친구처럼 세월을 같이했던 소리나 흔적, 맛과 냄새, 사물과 색깔, 질감과 솜씨ー을 그리워하고 추억하는 욕구가 높아지면서 이른바 추억산업이라는 새로운 분야가 생겨나기도 했습니다. 삶이 팍팍할수록 향수는 깊어지고, 좋았던 지난날을 떠올리며 잠시나마 비참한 현실을 잊으려는 사람이 많아졌습니다. 그래서 돈으로 사서라도 위안을 얻으려고 몸부림치기도 합니다. 그 덕에 옛 기억을 환기시키고 향수를 불러일으키는 광고나 드라마, 음식, 공간과 소리를 대변하는 추억산업이 발전하게 된 거지요.

새것과 매끄러운 세련미를 추구하는 이 시대의 표정들에 어느 순간 질리기 시작한 사람들은 그 반작용으로 다소 투박하지만 편안한 문화를 찾기 시작했습니다. 가령 최근에 불어닥친 '세시봉 신드롬'을 봅시다. 70~80년대를 주름잡았던 세시봉은 감성을 파고드는 서정적 멜로디와 아날로그적 선율로 다시금 중년세대 마음속에 파고들었습니다. 일에 치이고 가정에 치이는 50~60대를 아련한 추억 속으로 끌어들였던 것입니다. 날로 침체되어가는 경제, 그리고 승자독식 사회가 가져다주는 불안감 속에서 실존적 '자아'는 새것을 찾거나 남과는 다른 고급취향을 갖기보다는 예전에 누렸던 소박한 문화를 떠올리고 추억하길 원했던 것이지요.

세시봉 신드롬은 뒤를 돌아볼 줄 아는 여유와 움켜쥔 시간을 다소나마 놓을 줄 아는 여유가 행복을 준다는 사실을 깨닫게 해주었습니다. 그리하여 행복은 우리 곁에 아주 가까이 있음을 알게 해주었습니다. 지금의 50~60대, 즉 베이비부머(베이비붐세대)의 소득이 증가하면서 부부참여 문화가 널리 확산되고 있습니다. 이들의 욕구에 부응하기 위한 서비스산업 또한 동반성장하면서 남성전용 부엌가구 브랜드도 새롭게 등장했습니다. 이는 어떤 거대한 울림이 그들을 변화시켰다는 증거입니다.

어느 날 기적처럼 '추억 프로젝트'가 테헤란 길옆 대치동 골목에서 일어났습니다. 그것은 나를 포함하여 누구에게나 익숙한 추억 하나를 선물하자는 생각을 현실로 옮기면서 일어났습니다. 마음속의 고향인 추억을 건드리라니, 당연 사람들 이목이 집중될 수밖에요. 도시의 운영체계는 규격화를 낳고 구획화, 조직화라는 괴물을 낳았는

데 '추억 프로젝트' 덕분에 하찮은 것이 상대적으로 보물이 된 순간이었습니다.

세월이 흐르면서 살림살이는 늘게 마련이고 그것은 어느 순간부터 퀴퀴한 몰골로 구석에 쌓이기 마련입니다. 그것들은 적당히 편하고, 적당히 은밀하고, 적당히 만만합니다. 이쯤에서 나의 '향수 추억론'을 들려드리고자 합니다.

나는 원칙을 따지지 않고 주어진 여건대로 재료와 도구를 붙이고 열거함으로써 '취함과 버림의 행복 프로젝트' 시나리오를 구상했습니다. 도면도 스케일도 없이 직감과 경험으로만, 현장에서 으레 따르는 순서와 질서를 무시한 채 오직 마음 가는 대로 리모델링 공사현장을 계획했습니다. 도면에 지친 건축가의 은밀한 자유의지가 반영된 선택이었습니다. 한마디로 불합리의 전형이었습니다.

어느덧 카페 '하우'가 문을 열었고, 그때 나는 공간 감성노트에 이렇게 썼습니다.

> N씨는 마라톤 코스를 완주하고 나서 가까스로 숨을 몰아쉬고 있는 중이다. 머리 위를 빠른 속도로 맴도는 하늘 때문에—현기증이 났다는 말이다—무릎에 두 손을 받치고 땅을 응시하며 서 있다. 그렇게 한참을 혼자 서 있는데 두 눈에 눈물이 맺히는 것을 느끼고는 이내 뒤돌아 조용히 눈물을 훔친다. 그리고 아무 일도 없었던 것처럼 지나가는 사람들에게 눈을 맞추며 다시금 걷기 시작한다.
> 게으를 수도 표정을 바꿀 수도 없는 그가 마음껏 게으름을 부려도 은밀하게 밀착되는 사랑방이나 다락방을 떠올린다. N씨는 또다시 흥분한다.
> 지나간 것들을 적당히 놓아둠으로써 그런대로 알맞게 불일치하는

것이, 왠지 길을 열어주는 정글 같다는 생각을 했기 때문이다. 이제 마음의 정글에서 공간의 정글까지 오랜 세월 N씨의 삶에 폭력적으로 끼어들었던 시간을 N씨 스스로 빼내어 나른하게 놓아둘 N씨만의 정글이 그리움을 넘어 목마르게 다가온다. 창문으로 쏟아져 들어오는 빛이 그리 중하게 여겨지지 않는 공간이다.

대신 다락방 모드 방에서는 영화 〈바그다드 카페〉에서부터 〈화양연화〉 〈책 읽어주는 여자〉 〈타샤의 크리스마스〉 〈붉은 수수밭〉의 때 묻은 빛깔의 아름다운 영화가 공간을 채워둘 일이다. 그리고 오래된 사진곽과 목각조형들, 김용택 시인의 《섬진강》, 망우리 작가 김영식의 《너와 나 사이를 걷다》, 윌리엄 워즈워스의 시집이 회벽에 매달리거나 찻잔 옆에 놓여 있다.

좁은 입구에서 몇 발자국 길게 이어지는 N씨의 공간은 그만의 차분한 휴식처이다. 그곳은 음악과 영화, 독서와 그림을 좋아하는 N씨의 성정이 듬뿍 담겨 있다. 순서없이 시선이 흐르지만 다 그만의 맛을 느낄 수 있다. 물건들은 서로 어울리지 않아도 저마다 주인공처럼 당당하게 자리를 지키며 주위를 감싼다. 커다란 액자틀에 갇히고 마는 도시질서에 익숙한 N씨는 회화적 외도를 감행하는 짜릿함을 경험한다.

공사는 꼬박 1년 동안 진행되었고 장맛비 내리는 여름과 추운 겨울을 지나 봄에야 완성됐습니다.

더 좋은 고재를 만나면 다시 뜯어내고, 더 곰삭은 이끼 낀 돌을 만나면 다시 배치하고……. 그 바람에 기와와 담장 마당의 바닥 돌들은 그 옛날 그 자리에 있었던 것처럼 자연스러워 잠시 착각하곤 합니다.

어느 날 테헤란로 부근의 대치동 뒷골목에 있던 한 오래된 양옥집은 이제 표정을 바꾸어 작디작은 간판을 달고 서 있습니다. 손님들은 간판이 너무 작아서 찾아오기 힘들었다고 토로합니다. 그 양옥집의 이름은 카페 하우입니다. '어찌 하'에 '벗 우' 자를 써서 '하우'입니다. 영어로는 'HOW'이지요.

행복은 늘 미래에 오리라 생각하고 지금은 늘 인색하게 사는 우리의 초상을 대변하는 이름을 지어보리라 생각했습니다. 건축가 이상의 특별한 안목을 가진 아름다운 건축주의 환한 미소를 보면서 즉석에서 지어진 이름입니다. '그대, 어찌하여 내 곁에 있는지!'라는 부제도 지었습니다. 지금 바로 내 곁에 있는 사람과 함께 보내는 시간이 가장 소중하다는 유쾌한 자각(위트)에서 나온 말입니다.

'차는 우려진다는 것, 그 차는 빛깔을 허용한다는 것, 와인이 치즈를 사랑한다는 것, 음식은 느리게 만들어진다는 것'이 그리운 사람을 기다리는 것처럼 공간과 같이해야 한다는 마음에서 나온 말이기도 합니다. 또한 현재는 늘 묻어두고 미래에 희망을 걸고 사는 우리에게는 그 미래에 도착해서도 여전히 미래는 미래일 수밖에 없었다는 뼈저린 나의 회한에서 나온 이야기이기도 합니다. 나의 그리운 추억론은 이렇게 마무리됩니다.

그대, 어찌하여 내 곁에 있는지!

서로 어루만지는 체감보다 악수로만 터치하는 우리
서로의 마음을 읽기보다 떠오른 생각을 굳혀가는 우리
서로 눈빛을 헤아리기보다 내 마음이 먼저인 우리
지나간 것을 간직하기보다 새로운 것을 소비하며 사는 우리
세월을 같이하기보다 시간만 같이하는 우리
지금의 행복에 인색하고 미래에 행복을 거는 우리

낮은 자리의 여유로움보다 높은 자리의 위태로움을
성공이라 믿는 우리
사색하는 오감보다 검색하는 직감으로 사는 우리
밤하늘의 별빛보다 발광다이오드를 보고 사는 우리
자연의 시간보다 생각의 시간으로 사는 우리
지금 그대가 내 곁에 서 있습니다.

도시에서 치이고 부대끼며 마법을 부리다

문득 디자인은 무엇일까 생각합니다.
마법이다!
그것은 볼 수도 만질 수도 없는
생각을 형체로 보이게끔 하는 '마법'이지.
그 마법은 모두의 것이어야 하고……
아름다운 마법을 모든 사람에게 걸 테다!
규범을 넘어선 디자이너는
연필로만 마법을 부리지 않습니다.
생각 말 행동 눈빛으로도 마법을 부립니다.

한강변 작업실은 너무도 깊숙이 들어오는 아침햇살 때문에 눈이 부시거나 컴퓨터 화면의 선명도가 떨어지는 것 말고는 내게 참으로 아름다운 공간입니다. 사실은 깊이 쏟아져 들어오는 아침햇살이 마냥 고마워 돌려 말하고 있는 것입니다.

이 작업실에 오는 사람들이 맨 처음 들려주는 말은 "참 확, 틔어서 좋다"입니다. '트이다' '열리다' '전망이 좋다'는 것은 이 시대 사람들이 느끼는 갑갑증에 반하는 말들이어서 듣기만 해도 기분이 좋은 게 사실입니다. 나는 가는 데마다 유별나게 트인 공간을 찾습니다. 버릇도 이런 버릇이 없습니다.

식당도 맛을 보고 찾아가기보다는 전망이나 환경을 보고 찾아가는 경우가 많지 싶습니다. 15년 전 정릉에 살면서는 때때로 절망적인 느낌이 들곤 했습니다. 비좁고 가파른 골목을 지나 앞이 꽉 막힌 빌라에서 살았으니까요.

어린아이들을 키우던 때라 어지간히도 죄인처럼 살았습니다. 그 집은 유난히 아이들 뛰노는 소리가 이웃집 옆집 할 것 없이 퍼져나가거나 울렸던 것 같습니다. 그 중 아래층에 혼자 살던 아주머니는 참 많이도 3층인 우리집 초인종을 눌러댔습니다. 가까스로 6개월을 버티다가 결국 경기도 여주 처갓집 동네로 이사를 가자고 말해버렸습니다. 뜻밖의 제안에 아내는 두 번 생각할 것도 없이 허락해주었습니다. 그러고 보면 아내도 퍽이나 이웃간에 싫은 소리 해대는 일상에 지쳐 있었나 봅니다.

한동안은 처갓집 사랑방에 얹혀살면서도 별 불편을 못 느꼈습니다. 아이들은 외할아버지 외할머니와 함께 피부를 맞대고 볼을 비비며 자면서도 불편해하거나 노는 방식을 바꾸려 하지 않았습니다. 마음껏 놀게 해주는 어른들에게 고마워하며 시골생활에 잘 적응했습니다. 외려 아이들보다 나와 아내가 더 큰 해방감에 충만해 있었습니다. 사실 아이들 때문에 시골로 내려왔지만, 아이들이 내게 넉넉한 여유와 하늘의 별을 선사해주었던 것입니다. 그 이후부터 저는 거의 집착적으로 탁 트인 공간을 찾아다니는 버릇이 생겼습니다.

나는 도시 모듬살이(사회생활)를 하면서 해방감이라는 단어가 참으로 우리 곁에 가까이 있다는 사실을 읽어내곤 합니다. 빛 한줄기, 물 한가득, 하늘 한 자락이 해방감을 주는 요소라는 사실에 놀라곤 합니다. 굳이 충만된 자연의 혜택 속에 살아갔던 상고시대를 떠올리지 않더라도 도심을 조금만 벗어나면 싱그러운 자연을 느끼며 살아갈 수 있는 것을! 왜 이토록 힘겹게 부대끼고 사는 도시 모듬살이를 버리지 못하는지, 이것이 나의 오랜 의문이자 풀어야 할 숙제입니다.

광장동 워커힐호텔 건너편의 옛 나루터 부근에 작업실이 있습니다. 그곳의 아침은 사계절 내내 눈이 부십니다. 촘촘히 꽂혀 있는 책머리들이 아침이면 놀라듯 색색으로 빛을 반사시키는데 참으로 장관입니다. 절로 행복해지는 광경입니다.

낮의 햇빛은 잔잔히 흐르면서 벽에 걸린 그림들을 영화의 한 장면처럼 바꾸어주고 강에는 안개가 낍니다. 해질녘이면 뭍으로 스며드는 붉은 노을도 어둠이 내릴수록 밤빛 또한 깊어지며 그렇게 아름다울 수 없습니다.

하지만 흠이 아주 없지는 않습니다. 그곳은 낮에 일하기가 참 어렵습니다. 거절하는 방식이나 태도를 터득하지 못한 나는 크고 작은 일들로 전화통화를 자주 합니다. 시간이 많이 소비됩니다. 가령 시간과 경제성의 밀접한 관계를 따지지 못하는 경우, 우선 자신이 좋아하는 일에는 시간을 엄청 쏟아부으면서 그렇지 않은 일엔 시간을 잘 들이

지 않아 아내와 주위사람들의 지청구를 듣곤 합니다.

그들은 내가 처음부터 분명한 계약도 맺지 않고 일을 먼저 시작하거나, 시간을 계획적으로 사용하지 않거나, 혼자만 신이 난 나머지 좋은 아이디어를 잘 포장해서 상품으로 팔지 못하는 무딘 현실감각을 지적해주는 겁니다. 머리로는 알면서도 가슴으로는 잘 이해되지 않는 것 때문에 낮 동안은 매번 하는 일없이 바쁩니다.

그러고는 늘 혼자 화를 내고, 고독해하고, 혼자 섭섭해합니다. 처음부터 관계가 분명치 않거나 시간을 할애하는 데 거듭 실패하기 때문에 참패하는 일이 훨씬 많을 수밖에 없습니다. 주위의 친한 동료 디자이너들이 내게 보여준 '자기관리능력'을 보고 참 많은 것을 생각한 적이 있습니다.

나도 자기관리능력을 제대로 발휘한다면 일을 더 탁월하게 할 수 있고, 그럼으로써 내게 지청구를 날리는 주위사람들은 안심시킬 수 있겠지, 하는 생각 말입니다. 오랜 세월이 흘러도 여전히 나는 하는 일없이 바쁘기만 합니다.

아직도 작업실 안쪽까지 깊게 드리우는 아침햇살과 강가에 핀 안개와 아름다운 전망을 바라보며 마시는 차 한잔과 나를 찾아오는 사람들을 반가워하는 것을 보면 어쩐지 해결책은 찾기 어려울 것 같습니다. 솔직히 말하면 내게는 소위 돈이 되는 일보다 돈이 안 되는 일이 몇십 배 더 많습니다. 이웃과 형제, 내가 사는 시골마을, 지인과 친구…… 이 모두는 결코 돈이 되는 관계가 아니기 때문입니다.

어느 날 문득 디자인이 무엇인지 스스로 질문을 던져본 적이 있습니다. 그것은 볼 수도 없고 만질 수도 없는 생각을 형체로 보이게끔 하는 '마법'이라고 결론을 내렸습니다. 마법은 모두의 것이어야 한다는 것도 말입니다. 아름다운 마법은 무릇 모든 사람에게 걸어도 좋다는 것이지요.

그러므로 디자이너는 연필로만 마법을 부릴 일이 아닙니다. 생각도 말도 행동도 행위도 그리고 눈빛도 마법의 도구이기 때문입니다. 내게 마법을 부탁하는 이들한테서 모두 대가를 바랄 수는 없습니다. 나눔의 건축가인 사무엘 막비가 그랬던 것처럼요.

광나루 한강변 작업실은 늘 시끄럽고 분주합니다. 날이 저물고 어느덧 밀려오는 밤빛 그림자가 햇빛 대신 공간을 채울 때면 작업대 조명만 켜두고 불을 내립니다. 그리고 마법을 진지하게 연습하기 시작합니다. 양말을 벗어 맨발로 바닥을 밟고, 격식을 차린 거추장스러운 옷차림을 가볍게 하고, 주위를 말끔하게 치웁니다. 그리고 유리작업대 앞에 앉습니다. 이 방식은 나의 아주 오래된 버릇입니다.

내 결과물은 종이 위에 나타납니다. 컴퓨터를 사용하지 못하기 때문입니다. 요즘은 디자인 성과물을 과잉 공급하고, 지나치게 서비스를 강화하는 것 같습니다. 그래서 사람들의 눈높이가 보통 높아진 게 아닙니다. 무조건 완성도 있는 컴퓨터 결과물을 내놓으라는 시대에 살고 있습니다.

컴퓨터가 사람 일을 덜어줄 것이라고 믿어 의심치 않았기에 기대치가 높았던 것도 사실입니다. 대신 사람은 할 일이 없어져 무료하고 건조한 미래를 보낼 것이라는 우려가 제기되었습니다. 벌써 20년 전부터 말이지요. 한데 오히려 컴퓨터로 인해 노동시간은 절감되었을지언정 삶의 질은 나빠졌다는 게 학계 분석입니다.

두뇌용량이 외장하드만큼 확대되고, 노동시간이 절감됨으로써 상대적으로 여유가 많아졌습니다. 한데 그 여분의 시간을 알차게 보내는 대신 더 많은 시간을 컴퓨터와 싸워야 하는 기묘한 현상이 벌어졌습니다. 이는 정신적으로 육체적으로도 피로감이 훨씬 높아졌다는 증거입니다.

어느 날부터 내게 컴퓨터 결과물을 요구하는 사람들이 훨씬 줄어들었습니다. 우뇌 의존도가 높은 디자이너에게 컴퓨터 결과물을 요구하는 것은 합당치 않다는 것이 사회적으로 합의된 덕분일까요. 어찌 되었든 디자인은 상상력을 무기로 창작을 하는 분야라는 것을 대개 다 알고 있으니까요.

내게 생각을 가지러 오는 사람이 많아졌습니다. 소싯적부터 문학에 관심을 지녀온 데다 몸소 느끼며 얻어진 이야기가 디자인의 시작이 될 수 있다는 것이 내게는 퍽이나 다행스럽습니다. 시시각각 업그레이드 되는 컴퓨터 프로그램을 나는 도저히 감당할 수 없기 때문입니다.

요즘 지자체나 공기업들이 디자인을 너무 많이 공모하고, 용역을 일회용처럼 쓰고 있어 사회가 혼란스럽습니다. 가히 공공디자인 증후군이라 할 만합니다. 굶주린 사람이 허겁지겁 배를 채우는 광경을 보는 듯해 안타깝기도 합니다.

과정보다는 결과를 중시하고, 속도주의에 매몰되어 '빨리빨리'를 외치는 고질병이 한국사회를 지배하고 있습니다. 조금 더디더라도 무슨 일이든 치밀하고 꼼꼼하게 접근하는 선진국과는 많이 다른 모습입니다. 더욱이 우리 한국의 심사문화는 나를 슬프게 합니다. 수십 명의 심사위원들이 거룩하게 앉아 브리핑을 받습니다. 그것도 15분 안에 끝내라고 합니다. 15분이 지나면 차임벨을 울리고 경고를 합니다. 마치 공포가 무엇인지 가르쳐주마, 라고 으름장을 놓는 것 같습니다.

물론 심사위원은 심사위원대로 할 말이 있습니다. 즉 공정하게 처리하려는 의도라는 것입니다. 참으로 씁쓸한 풍경입니다. 15분 이내에 당락이 결정되는 불합리도 문제이지만 진중하게 소통하려는 태도조차 받아들여지지 않는 분위기는 더 심각한 문제입니다. 사람의 이야기를 귀담아듣고자 소통의 여건을 만들려고 노력하는 것은 만고의 크나큰 덕입니다. 그런데 심사문화는 당최 소통과는 거리가 멀어 보이니 관료사회의 경직성만큼이나 야속하게 느껴집니다.

　디자이너는 규범을 넘어서고 싶어합니다. 규칙을 버거워합니다. 그러나 규범과 규칙은 존재합니다. 나는 이른바 '15분 브리핑'을 잘하고 싶어서 수도 없이 말연습을 했습니다. 그때는 정말 디자이너로 산다는 것이 몹시 서글픕니다. 그래서 우리에게 디자인은 있어도 대자인大自人은 없는 모양이지요.

다시, 용담리 이야기

용담마을의 시간은 돈으로 환산되지 않는
'범우주적 넉넉함'이 있습니다.
도시의 벗들이 나를 찾아와 하는 말이
'시골에서 살고 싶다'네요.
한데 아이들의 교육문제와
시골삶을 힘들어하는 아내가 걸린다고요.
글쎄요, 무엇이 참교육일까요.

80년 초 아내와 알콩달콩 연애할 때만 해도 여주 용담리 길은 먼지 풀풀 나는 비포장도로였습니다. 곤지암이나 양평에서 덜컹거리는 버스를 타고 들어갈 때면 굽이굽이 참 깊고 멀게 느껴졌습니다.

결혼 후 처갓집에 갈 때면 아내를 자주 놀리곤 했습니다. 내가 결혼을 해서 촌뜨기 여자를 구제해 주었다면서요. 상당히 큰 기와집이 떡하니 버티고 있던 처가는 아내가 나고 자란 마을인데다 내가 어린 시절 매일같이 보았던 소외양간, 나무마루, 가마솥과 아궁이, 유난히 많은 산수유나무와 밤나무, 정비 안 된 맑고 아름다운 개천, 그리고 정 많은 사람들의 풍경과 흡사하여 보자마자 고향같이 느껴졌습니다.

춥기로 유명한 양평에서 2월에 장가들고 처가에 갔던 날, 동네청년 스무 명 남짓은 술 한 잔도 비우지 못하는 내게 반강제로 소주 스무 잔을 먹였습니다. 게다가 나를 거꾸로 매달아 몽둥이로 발바닥을 때렸지요. 용담리는 그렇게 평생 잊을 수 없는 추억이 새겨진 마을이었습니다.

유난히 집안 대소사가 많은 처갓집은 4녀1남이 시집가고 장가가서 낳은 아이들까지 가세하여 쉴 새 없이 북적였고, 그때마다 이웃 아주머니들이 달려와 음식을 준비하며 덕담을 나누었습니다. 가난한 동네 어른이 죽으면 손수 염을 해오셨다던 장인어른의 그 심덕深德은 말할 것도 없고, 누구누구네 생일잔치까지도 동네방송으로 알려 음식을 나누는 일, 60세 이하 40~50대는 어른행세도 못하고 노인명함도 못 내밀어 자연스레 청년회에 소속되는 마을 용담리!

나의 아이들은 어떻고요. 시골에서 자라면서 공부는 좀 시원찮아도 외할머니, 외할아버지 그리고 이모, 삼촌과 부딪혀 살면서 크나큰 무엇을 얻었습니다. 즉 사람과 자연을 대하는 온순한 태도 같은 것이지요.

시골아이들은 주로 개울물과 볕에서 놀다보니 얼굴이 짙은 황갈색입니다. 도시에서 나를 찾아온 손님들의 아이들과는 달리 우리 아이들은 참 시골스러웠습니다. 그래도 좋았습니다. 훗날 용담리는 아이들의 추억이 깃든 빛나는 놀이학교가 되리라 기대했기 때문입니다.

어린 시절 황토밭에 뒹굴며 놀았던 기억들을 실타래마냥 한 올 한 올 뽑아서 살아가고 있듯 내 아이들도 어른이 되면 그럴 것이라 믿어 의심치 않았습니다. 최소한 어린 시절에 가슴깊이 담아두어야 할 푸른 하늘과 별 그리고 지천에 깔려 있는 야생화와 풀벌레, 계절의 빛깔과 나무열매들입니다. 그것은 절망 앞에서 무릎꿇지 않고 일어서게 만드는 희망입니다.

또한 그것은 시간과 공간에 대한 경외심을 담는 그릇을 만드는 일입니다. 사람의 바탕을 살찌우는 다양한 체험없이 무조건 경쟁에서 이긴 사람만을 위한 사회가 얼마나 위험천만한지 우리는 너무도 잘 알고 있습니다. 한쪽으로 기울어진 표면은 늘 그쪽으로 무게가 치우칠 테니까요.

나는 지금 사람과 자연이 공생하는 아날로그 마을에 아이들과 더불어 심신을 저축하고 있는 셈입니다. 초등학교 전교생이 150명, 중학교 전교생이 70명밖에 되지 않아 주민들은 누구집 아들딸들인지 서로 잘 알고 있습니다. 그러니 자연스레 관심을 갖게 되고, 학교에도 사도師道가 살아 있어 촌지수수 같은 잡음이 없는 거지요.

아내의 작은할아버지가 1회, 장인어른이 7회, 아내가 33회, 딸이 63회, 아들이 64회 졸업생인 상품초등학교는 집안 대대로 동문을 배출하였습니다. 70년 역사를 지닌 유서깊은 학교인 거죠. 이곳에서 동네축구대회, 축제, 월드컵응원 등 면과 마을의 대소사를 치러냅니다. 그야말로 시골학교는 이웃집 같은 공간이고 소통의 랑데부(만남의 장소)입니다.

나는 주로 금요일부터 일요일까지 집중해서 용담마을에서 시간을 보냅니다. 나머지는 서울에서 활동하며 출퇴근을 합니다. 우리동네에는 2대 명물이 있어 주말마다 참 바쁩니다. 양평과 곤지암을 오가는 큰 길가에 허름하지만 국수맛이 최고인 용담포차가 있습니다. 주말 밤이면 이 정감어린 포장마차에 동네사람들이 찾아와 저마다 사연을 늘어놓으며 소주잔을 비웁니다.

그들은 특별한 이유도 없이 버릇처럼 용담포차에 들렀다가 술이 어느 정도 들어가면 질펀한 인생사도 수줍게 꺼내놓곤 합니다. 사실 도시에는 허다한 상업공간들이 이 마을에는 없으니 나한테는 용담포차 만한 정글이 또 없습니다. 음주운전을 걱정하지 않아도 되고 늦게까지 술을 마셨다고 아내의 심한 지청구를 듣지 않아도 되니까요.

용담포차는 아내의 마음까지 산 셈입니다. 마음씨 착하고 음식솜씨 좋은 아주머니는 또 어떻고요. 아주머니가 묵은 김치로 마지막 맛을 낸 잔치국수는 정말이지 환상적입니다. 용담포차는 순천댁 형수라고 부르는 아주머니와 털이 많아 털보형님으로 통하는 문경아저씨의 삶터입니다.

어느 날 두 사람에게 수채로 그린 인물크로키를 선물했습니다. 며칠 후 두 분은 액자를 만들어 벽에 걸어두고는 오는 사람마다 내 얘기를 한다는 겁니다. 덕분에 나는 사시사철 영구 개인전을 여는 행복한 작가가 되었고 포장마차는 갤러리 포차가 된 셈입니다.

그리고 우리나라 논객 중의 논객인 김년오 선생이 있습니다. 우리 집에서 보면 선생의 집은 개울 건너에 있습니다. 뒤쪽에 산이 있고, 남향으로 낸 커다란 창에 1년 365일 태극기를 걸어놓습니다. 관공서도 아닌데 말입니다.

전설적인 김년오 선생은 8년 전에 홀연히 용담리로 이사를 왔습니다. 추운 겨울에도 얼음을 깨고 물에 몸을 담급니다. 하루도 술을 마시지 않는 날이 없고요. 하루에 한 끼만 먹는답니다. 한번 입을 열면 정치, 사회, 역사, 문화 등 전반에 걸친 방대한 지식을 통섭해내는 놀라운 능력이 있습니다. 독서량이 엄청납니다.

물론 남의 말을 도중에 자르기도 하고 상대 말을 잘 듣지 않으면서 거침없이 독설을 퍼붓기도 합니다. 무례해 보이는 이런 행동 때문에 간혹 미움을 사기도 합니다. 이 전설적 인물이 바로 용담마을의 두 번째 명물입니다. 그와 나는 어떻게 친해진 걸까요. 별거 없습니다. 비록 술로 대적하지는 못하더라도 나에게는 상대의 말을 잘 들어주는 무던한 인내심이 있기 때문이지요.

사실 그의 지식창고는 나만을 위해 열려 있습니다. 그래서 수십 권에 달하는 지루한 책들을 굳이 읽지 않아도 그가 말만 하면 지성과 교양이 나한테로 빨려 들어옵니다. 나로서는 결코 손해날 장사가 아닙니다.

김년오 선생은 포럼에 참석하거나 업무차 정치마케팅 관련회의를 하러 서울을 가지 않는 날에는 거의 낮 동안에 책을 보거나 마을일을 합니다. 나는 주말에 용담포차 아니면 그의 집에 갑니다. 주말이라도 시간을 같이 보내야 하는 것 아니냐고 강하게 투정하는 아내를 외면하고 말입니다.

먼저 선생으로부터 시국이나 세상사 흐름을 듣습니다. 그러다가 지루해지면 내가 기타를 칩니다. 그는 북으로 장단을 맞추면서 상당히 괜찮은 목소리로 흥을 돋웁니다. 때로는 먹과 붓으로 서로 번갈아가며 붓질도 합니다. 우리는 주말에 이렇게 놉니다. 시간이 참으로 빨리 가서 아쉬울 뿐이지요.

정확한 판단력과 기획력, 추진력, 좋은 친구들을 둔 그가 매력이 없을 리 없습니다. 참 매력적입니다. 그는 정부가 시책으로 내놓은 태양열 온수시설을 마을에 유치한 데 이어 '보름날 달집태우기'를 마을의 중요한 연례축제로 정착시켰습니다.

　　나도 그의 열정을 본받아 건축쟁이 노릇을 단단히 했습니다. 마을회관을 설계하고 장수마을을 계획해서 실행한 거지요. 이렇듯 용담마을에서 보내는 시간은 돈으로 계산되지 않는 '범우주적 넉넉함'이 있습니다. 나를 찾아온 도시사람들이 돌아갈 때마다 이구동성으로 하는 말이 '나도 시골에서 살고 싶다'입니다. 그런데 아이들의 교육문제와 시골삶을 힘들어하는 아내 때문에 불가능하다고 말합니다. 글쎄요, 나는 무엇이 참교육인지 아직은 잘 모르겠지만, 훗날 그의 아이들이 말해줄 것이라 믿습니다.

동네사람 담은 크로키 초상화로 첫 개인전을 갖다

사람에게서는 왠지 애잔함이
느껴집니다. 그것을 멋스럽게
유머러스하게 남기고 싶어
크로키를 합니다.
연필 끝에서 빚어지는 관계와 소통의
행복감은 이루 말할 수 없을 만큼 큽니다.
그것은 수치화되지 않는 나눔입니다.
연필가루는 곧 흙이기 때문입니다.

솔직히 그것이 최초의 개인전이 될 줄은 미처 몰랐습니다. 말이 개인전이지 학예회같이 수십 개의 이젤을 진열해놓고 액자그림을 올려놓은 것이 전부입니다. 특별한 조명은커녕 큐레이터도 일정도 브로슈어도 없습니다. 마을사람들을 재빨리 그린 크로키 초상화여서 누가 누군지 알기 때문에 도난 염려도 없습니다.

마을회관과 면사무소 로비에 30여 점을 전시한 그림전은 그렇게 나의 첫 번째 개인전이 되었습니다. 마을회관에 전시할 때는 어버이날을 기점으로 열흘 전에 전시하고 어버이날이 지나면 자신의 것을 무료로 가져갈 수 있도록 미리 얘기해두었습니다.

대신 습기가 많은 곳에 두지 말 것과 1미터 70센티미터 정도 높이에 두는 것이 적당하다는 것, 그리고 1년에 한 번은 액자유리를 닦아주는 게 좋다는 것 따위를 나도 모르게 버릇처럼 당부하곤 했습니다.

딴에는 자식을 멀리 보내는 심정이었나 봅니다. 못내 아쉬움이 있었던 모양이에요. 전시를 보는 사람마다 재미있는 이야기들을 내놓았습니다. 살 날이 아직 많이 남았는데 벌써 초상화를 그려야 하는지 묻는 사람도 있고 그림이 실물보다 낫다느니 후세에 대대로 물려준다느니 처음 모델을 서니까 모델료를 달라느니 그랬습니다. 원체 쑥스러움을 많이 타서 내게 고마움을 표한다는 게 저렇습니다. 하나같이 소중한 덕담들입니다.

이 소박한 전시회로 얻은 것이 있다면 나의 하찮은 일이 여러 사람의 이야깃거리가 될 수 있다는 사실입니다. 일종의 '소재의 발견'입니다. 솔직히 말로 백 번 하는 것보다는 행동으로 무엇인가 서로에게 증표가 될 만한 것을 남길 수 있으면 좋겠다, 생각이 여기까지 미쳤습니다. 유수처럼 빠르게 흐르는 세월만큼이나 매순간 스치는 나의 이

윗분들에게서 왠지 까닭 모르게 느껴지는 애잔함을 마치 유머처럼 기억하는 장치랄까, 뭐 이런 것이면 더욱 좋겠다고 생각했습니다. 이런 상념이 어느 순간 내 아랫주머니 속에 침투하여 나는 이것을 주머니 속에 달고 다녔던 것 같습니다. 늘 시간날 때마다 그것을 만지작거렸고, 마침내 결심한 듯 이를 꺼내려다가 다시 넣기도 하고……

고백하건대 나는 몇천 장이 넘는 크로키 초상화를 그렸습니다. 지금은 건축가로 활동하고 있지만 대학 때 환경디자인을 전공하면서부터 늘 나의 가방에는 연필과 스케치북이 쌍둥이처럼 붙어 있었습니다. 끽연자가 담배 떨어지면 금단현상이 일어나 안절부절못하듯 그렇게 말입니다.

간단한 수채물감으로 채색할 때는 시간이나 분위기가 허락되었을 때고, 공간과 시간이 넉넉히 허락되면 또 다른 재료를 가지고 실험적으로 작업합니다. 이런 작업들은 업무와 연계된 일이 아니므로 누구에게 평가를 받거나 가치를 인정해달라고 요구하지도 않습니다. 나는 그저 이 세상에서 사람과 나눌 인연 하나를 만든다는 생각으로 그 일을 합니다.

최초의 개인전이 그렇듯 지금까지 해온 크로키 작업에서 주인은 내가 아니라 모델입니다. 즉석에서 그림에 내 이름을 적고 그들 손에 들려 보냅니다. 그만한 행복감은 어디에도 없습니다. 오히려 나를 위해 포즈를 취해준 사람들 마음이 고스란히 전해지면서 그 순간, 온몸에 전율이 파동쳐 올 때가 많습니다.

이번에 시골동네에서 최초로 연 개인전은 그런 면에서 소중합니다. 그림은 동네사람 모두와 인연을 맺어주었으니까요. 아주 어렸을 때 내가 최초로 본 초상화는 빈센트 반 고흐의 자화상이었습니다.

반 고흐라는 사람이 불꽃처럼 살다간 광기의 천재작가라는 사실을 교과서로 알기 전까지는 무슨 초상화가 이럴까? 생각했습니다. 구도도 필법도 영 교과서적이지 못했기 때문입니다.

"반 고흐는 37살의 나이로 요절할 때까지 가난과 정신질환 그리고 외로움에 시달리다가 자화상을 통해 내면의 절망을 드러냈다!"

나는 그 사실을 대학에 가서야 알게 된 부끄러운 미술학도였습니다. 반 고흐는 자신의 절망스런 눈빛 하나만으로 이미 완벽한 자화상을 보여주고 있었습니다. 반면 나는 여지껏 단 한 번도 자화상을 그려본 적이 없습니다. 왠지 자화상을 그린다는 것이 두려웠습니다. 자화상을 그리려면 질펀한 인생사를 겪어야 하고 이를 그럴 듯하게 그려야 할 것 같은 강박증이 있었습니다. 내공도 변변찮다보니 나를 그릴 자신이 없었던 게지요. 더군다나 엄청난 광기의 에너지를 품고 있는 반 고흐의 자화상을 보자 더욱 감당이 되지 않았습니다.

결국 쉬운 방법을 택했습니다. 즉 다른 사람들을 크로키하는 작업을 통해 나 아닌 타인과 소통할 수 있으매 감사를 느끼게 되었습니다. 일종의 자기최면인 셈입니다. 자신을 돌아보는 일만큼 두려운 것은 없다는 생각에서 다른 사람을 그리는 것인데, 어쩌면 이로써 나는 소통의 욕망을 채우는지도 모릅니다. 또한 이것이 나를 위로하는 가장 손쉬운 방법인지도 모르고요.

우연히 시작된 일이지만 경기도 농업기술센터에서 주관하는 '농촌건강 장수마을 프로젝트'에 참여한 일이 있습니다. 나는 노인공간과 색채 분야에서 2년간 자문과 강연을 맡았습니다. 강연하는 날이면 경기도 전역에서 오신 마을이장님과 노인회장들을 위해 인물크로키 시간을 꼭 가졌습니다.

어느 날 일본 오사카로 연수투어를 갔습니다. 오사카의 선진농촌 노인건강시설을 견학하고 관련 프로그램을 공부하기 위해서입니다. 그때 이 연수에 참여한 마을지도자가 마흔 명 남짓 됐는데 나는 그 모두를 거의 크로키했습니다. 그리고 간편한 액자에 넣어 한분 한분에게 선물했습니다.

오랜 시간을 달리는 버스 안이나 일정이 끝난 숙소에서 갖는 크로키 시간은 경직되어 있는 마을사람들 마음을 한결 쉽게 열어주었습니다. 덕분에 서로 많은 이야기를 나눌 수 있었지요. 그뒤로 가까워진 마을지도자들은 자신의 사연, 어려움과 희망들을 나에게 들려주곤 합니다.

그들이 들려준 현장이야기를 나는 노트에 꼼꼼히 적는 습관이 있습니다. 그 이야기야말로 농촌현실을 잘 보여주는 참 지식임을 압니다. 지금도 연락을 끊지 않고 때가 되면 서로 손전화로 덕담을 나누기도 하고 심지어는 마을에 초대하기도 합니다.

그때마다 느끼는 것이지만 우리 민족이 지닌 가장 위대한 가치는 농경문화에서 온 정情과 나눔입니다. 한편 현장의 목소리를 직접 듣고보니 자연히 알게 되었습니다. 농촌의 현실을 외면한 채 탁상에서 만들어진 여러 농촌지원 및 발전정책이 얼마나 위험한지를 말입니다. 나아가 그 정책이 자칫하면 모든 사람을 무기력화시키고 인심까지 흉흉하게 만들 수 있음을 말입니다.

나주의 작은 깡촌마을에서 배웠던 부모님의 흙빛 자애로움과 넉넉한 뒷모습을 이따금 떠올립니다. 힘들 때마다 그분들이 몸소 보여주신 커다란 가르침을 상기하며 힘든 고비를 넘겨왔습니다. 언제 어디서나 농촌의 풍경은 내게 어머니와 아버지를 다시 보고 있는 듯한 느낌을 줍니다. 마치 영속의 되돌림 같습니다.

지금도 장모님은 이웃이 오면 뭐라도 바리바리 싸서 자동차 뒷좌석에 던져 넣어줍니다. 전혀 계산되지 않는 따뜻한 마음 씀씀이입니다. 나이 들수록 내가 어머니나 아버지의 모습을 닮아가고 있다는 느낌을 받고는 자못 놀랍니다. 날카로웠던 성격도 부드러워지고 누구든 그냥 사는 것이 짠해(전라도 정서의 애잔함을 뜻함) 보입니다. 늙어가는 것에 애처로움을 느끼고 그동안 눈에 전혀 띄지 않던 야생화의 이름을 어느새 줄줄 외우기도 합니다.

　나는 컴퓨터와 친숙하지 않습니다. 아니 컴맹입니다. 메일이나 워드를 칠 때만 컴퓨터를 사용합니다. 반면에 아날로그에 대한 열정은 놀랄 만큼 큽니다. 시간과 능력을 영악하게 셈하지는 못하지만 연필 끝에서 빚어지는 관계와 소통의 행복감은 이루 말할 수 없을 만큼 크다는 것을 압니다. 그것은 수치화될 수 없는 나눔입니다. 연필가루는 곧 흙이기 때문입니다.

삶은 축제다, 연대다, 품실제를 보라

축제의 뜻을 아시나요?
제사를 축복한다는 것입니다.
〈축제〉가 장례식이라는 축제 안에 감추어진
인간의 공동체의식과 숭고함을 드러내는 작품이듯이
품실제도 지역 주민들의 공동체의식과
연대의식에서 비롯되지요.
품실제는 결코 중단되지 않는 축제의 혼,
민족의 숨은 저력을 보여주는 아름다운 풍경입니다.

전라남도 나주 산골마을에서 태어난 나는 오랜 세월 고향을 떠나 살았지만 15년 전 경기도 여주로 이사갈 때만 해도 막연하게 어린 시절을 동경하고 있었습니다. 철모르던 시절에 쌓은 아름다운 추억과 경험 덕에 여주생활 또한 낯설어하지 않고 잘 해내리라 꽤나 자부했습니다.

계절이 바뀌면 바뀌는 대로 낮과 밤이 자연스레 몸에 익으면서 물과 산과 바람이 늘 내게 자연스럽게 다가올 것이라고 내심 기대했습니다. 유년시절에 보고 겪은 마을축제는 조상 대대로 전해 내려온 것으로, 누구의 기획과 연출로 만들어지는 의도적 축제와는 본질적으로 달랐습니다. 자생적으로 생긴 축제에 걸맞게 때가 되면 그 분위기가 저절로 무르익어 갔습니다. 그러니 무척 재미나기도 했습니다.

설날과 추석날, 대보름날과 전통혼례식, 모내기와 추수 같은 자발적이고 자생적인 축제에서부터 심지어는 동네장례식에 이르기까지 전통축제는 매년 치러졌습니다. 어느 것 하나 지루한 축제는 없었던 것으로 기억합니다.

그 중에서도 내게는 재래장례식이 으뜸이었습니다. 동네어른이 상을 당하면 동네사람 누구나 할 것 없이 모여 장례를 도왔습니다. 동네 전체의 잔치였기에 어린이들 눈에는 그저 즐겁기만 했습니다.

곡소리와 주문 같은 상여놀이의 묘한 조합, 거기서 배어나오는 긴 장감, 삶은 돼지고기와 시루떡, 갖가지 나물과 전(부침개)의 풍성함, 너무도 아름다웠던 형형색색 가녀린 종이로 장식된 상여, 펄럭이는 깃발과 상여꾼의 구성진 목소리 그리고 워낭소리, 지나가던 거지들과 굶주린 사람들에게도 큰상을 내어주던 동네장례식 풍경 등이 아련하게 떠오릅니다.

영화평론가 정성일은 임권택 감독을 이야기하면서 "한국영화의 가장 큰 비극은 가장 나이 많은 현역감독이 가장 실험적인 영화를 찍고 있다는 것이다."라고 평한 적 있습니다. 그 현역감독이 찍은 가장 실험적인 영화는 바로 〈축제〉입니다.

소설가 이청준이 쓴 소설을 가지고 임권택 감독이 극화한 것입니다. 삶과 죽음의 경계에서 축제를 여는 것이 바로 장례입니다. 그래서 "장례는 사람이 신격화되는 순간을 기념하는 의식일 수 있다."라고 이청준은 말하는 거지요. 그의 말처럼 죽음은 인간에게 비극일진대 그 서러운 감정을 장례식이라는 한바탕 축제로 만든 우리 조상의 지혜에 놀라고 맙니다.

영화 〈축제〉는 결국 장례식이라는 축제 안에 감추어진 인간의 공동체의식의 숭고함을 드러내는 작품이라고 할 수 있겠습니다. 어느 축제건 간에 그것이 성공적일 수 있는 것은 소재감, 진실성, 다양성, 우연성, 동질성이 끝없이 교차되면서 에너지가 생성되기 때문입니다.

의상과 행위, 음식과 인심, 원망과 회한, 슬픔과 가족, 색채와 재료, 협동과 나눔, 이승과 저승, 육신과 영혼, 솜씨와 사람, 조상과 감사, 땀과 흔적 등 수없이 많은 요인들이 축제祝祭라는 카테고리 안에 순식간에 집중됨으로써 마침내 성공리에 마무리됩니다.

그야말로 '축복하는 제사'입니다. 제사를 축복하다? 그러고보니 갑자기 스페인의 산페르민(San Fermin) 축제가 떠올랐습니다. 한번 보실까요. 이 축제의 클라이맥스는 공포와 즐거움을 동시에 체감하는 투우와 소몰이입니다. 전문투우사가 긴장감을 풍기며 소와 싸우는 장면도 볼 만합니다만 그보다는 몸무게 많이 나가는 성난 소를 풀어놓으면 축제참가자, 구경꾼 할 것 없이 모두 투우장면에 몰입하며 흥분의 도가니가 되는 순간이 백미입니다. 이를 빼놓고 산페르민 축제를 말할 수 없습니다.

공포심과 긴장감이 이 축제의 슈퍼모델이나 킬러콘텐츠(핵심 프로그램)인 셈입니다. 사랑, 공포, 설화, 죽음, 역사, 음식, 색채, 전쟁, 민족, 추억, 성性, 소리, 꿈, 상상 등은 인간의 영원한 문화이자 인간이 살아있으매 풀어야 할 숙제임을 알게 됩니다. 나아가 삶이 곧 축제라는 사실도 깨닫게 됩니다.

경기도 여주군에는 산북면이 있습니다. 전국의 면 중에서 주민이 가장 적게 사는 곳입니다. 이 면에서 해마다 열리는 품실제 이야기를 하고 싶습니다. 볼 때마다 잔잔한 감동으로 다가오는 작은 이야기입니다.

품실은 산북면의 예명으로, 옛날 이 마을에 3정승(원정승, 서정승, 이정승)이 살았다고 하여 품실로 불려왔다네요. 이런 전승을 살려 품실제를 기획하고 추진해왔고, 벌써 10회까지 치렀다고 합니다. 매년 발전을 거듭하고 있어 기대되는 축제이지요. 사실 도나 시, 군 단위의 축제도 아닌 면 단위의 축제라는 것이 뭐 그리 대단하겠습니까.

한데 내가 기억하고 추억하는 어린 시절의 축제들이 그곳에 있고, 타지역의 규모와 자금으로 치러지는 축제와는 비교할 수 없는 감동이 있다면 믿으시겠습니까? 아무리 작은 마을축제라 해도 내겐 최고의 축제이지 싶습니다. 비단 나뿐만 아니라 마을사람들에게도 자랑스러운 축제임에 틀림없습니다.

고향처럼 살갑고 따뜻한 이 시골마을에서는 해마다 이런저런 작은 축제가 벌어지고 그 아이템과 소재는 거의 대동소이하지만 중요한 사실이 하나 있습니다. 축제는 백퍼센트 그곳에 거주하는 사람들의 주도하에 이루어진다는 것입니다.

관이 아닌 주민자치위원장이 집행부 수장을 맡고, 매년 마을사람들이 한데 모여 서로 추천과 합의를 통해 집행부 파트장을 뽑습니다. 자격이 주어진 것도 아니고 정치적 개입이 있는 것도 아니어서 불쾌한 일도 발생하지 않고, 더군다나 지자체의 치적을 대변할 일도 없습니다. 오직 자발적인 시도와 능동적인 진행으로 축제가 이루어집니다.

행정기관은 옆에서 독려하고 돕는 역할을 맡습니다. 이것이 품실제의 견고한 힘이며 철학입니다. 사실 품실제는 어느 한 사람의 의사와 열정에서 시작되었습니다. 그런데 민심이라는 것이 그리 호락호락하지 않습니다. 잘하면 그만이고 조금이라도 부족하면 가혹하게 혼을 냅니다.

민심이 썩 호의적이지 않는데도 물러서지 않고 열정을 보여준 사람이 있었기에 품실제가 성공적 축제로 자리매김할 수 있었을 겁니다. 더욱이 지역민에 한정하지 않고 외지에서 온 사회전문가들까지 발굴해내고 자문하면서 이루어낸 일이라 더 값지게 다가옵니다. 이러한 과정은 당연히 마을사람들을 통합과 공감의 끈으로 단단히 묶어주지요.

어렸을 때 축제를 보면서 느꼈던 것 역시 자발성의 힘이었습니다. 누가 시키지 않아도 가슴 설레며 알아서 참여하고 즐기는 모습 말입니다. 이 자발성이야말로 축제의 기본바탕이 아닐까요. 어느 날 위원장이 나를 찾아와서는 대뜸 말했습니다.

"우리 축제 좀 도와주세요." 산북면에는 외지에서 들어와 거주하고 있는 인사가 많은데 그 중 교수, 변호사, 화가, 성악가, 언론인, 조각가, 판화 등 전문직업인이 스무 명에 달한다는 것도 위원장 말을 듣고 처음 알았습니다. 또한 이미 그분들을 거의 다 만나서 축제에 참여하여 자문해줄 것을 부탁하며 설득해오고 있다는 것이었습니다. 그 말을 들으면서 갑자기 행복감이 밀려왔습니다.

저마다 나처럼 축제에 대한 단상 하나쯤은 가지고 있을 나이가 아닙니까. 그들도 이 위원장의 열정적인 눈빛에서 추억과 기억을 되살리는 아름다운 순간을 잠시 엿보지 않았겠습니까. 위원장의 주최로 그분들 모두가 한자리에 모였고 약속이나 한 듯 모두 이구동성으로 말했습니다. 기회를 주면 맡은 바 최선을 다하겠다고 말이지요. 도시에서는 생각도 못해볼 일임에 틀림없습니다. 대가는커녕 교통비도 주지 않는 일이지 않습니까. 외지 사람이라고 해도 직간접적으로 농촌을 경험했기 때문에 서로 영혼이 일치되지 않고서는 도저히 이루어질 수 없는 일이지요. 도시에서는 도저히 불가능한 일이 시골에서는 이렇게 가능해집니다.

향수로든 키치로든 축제를 만들고 즐길 수 있으리라는 기대를 저마다 했으리라고 짐작합니다. 축제는 물론이고 지역어린이 여름그림캠프에도 앞장서신 정덕영 교수를 비롯하여 리플렉션 화가로 알려진 장태묵 화백, 지금은 지병으로 작고하신 수원대 박승규 교수, 판화가이면서 추계대교수인 정원철 교수 등 많은 분들이 벌써 그곳에 있었습니다.

초등학교나 관내의 해여림 식물원에서 열리는 축제는 사실 이 시대 사람들에게는 시시해보일 수밖에 없습니다. 우리가 일상에서 봐왔던 농촌다운 키치와 맞물려 어느 정도 그러한 자극에 익숙해 있기 때문입니다. 하지만 이 품실제는 잔잔한 감동에 포커스를 맞춘 만큼 진실성과 추억과 키치로 무장할 수밖에 없습니다.

작은 예산을 가지고 어설프게 도시의 축제를 흉내내거나 표방하지 말아야 할 이유가 여기에 있습니다. 나의 임무는 FI(Festival Identity) –축제 이미지 통합계획과 콘텐츠 배합체계의 근거를 찾는 일이었습니다. 즉 '전통을 현대화한다'는 앞뒤 안 맞는 말이 요즘 지자체에서 만연하고 있는데, 정확한 뜻은 '전통을 재해석한다'입니다.

어떻게 전통을 응용할 것인가, 용어를 통일하는 차원에서 전통의 킬러콘텐츠를 찾아내고 그것을 어떻게 배합할 것인지가 나의 과제였습니다. 우선은 이웃의 정성과 솜씨, 손맛이 그리워지는 시대에 사는 우리에게 사람냄새 나는, 잔잔한 감동을 주는 소재를 전통생활에서 찾아내고 웅장한 클라이맥스를 줄 만한 소재를 발굴해야 했습니다. 그래서 생각해낸 것이 바로 품실 3정승의 한 분인 서희 장군(942~998)이었습니다.

서희徐熙는 드라마 천추태후에 등장하는 문인이면서도 무인이었지요. 그를 킬러콘텐츠로 정했습니다. 국운의 위기를 지혜와 용기로 막은 서희 장군, 소손녕의 80만 대군을 싸움없이 담판으로 물리친 고려 충신 서희 장군! 그의 묘가 산북면 후리에 있으니 품실축제의 극적 요소가 딱 맞아떨어졌습니다. 서희 장군이 승전한 뒤 군사들과 회군하는 감동을 우리 주민들에게 맛보게 하는 것이 핵심이었습니다.

집행부와 마을주민이 한자리에 모인 진행회의 때 브리핑으로 주민들을 설득하고자 했습니다. 우리집에서 보면 개울 건너에 사는 기인이며 지식인으로 알려진 김년오 선생을 찾아가, 승전회군 장면을 감동적으로 재연하자고 말했습니다. 이에 선생은 두 말 않고 팔을 걷어붙이며 도와주었습니다. 좋은 의미에서 도움이 될 만한 사람을 찾아나서주었을 뿐 아니라 자신의 지식을 쏟아부어 모자란 부분을 보충해주었습니다.

그의 순수함에 어찌 감동하지 않을 수 있을까요. 소개받은 사람은 한국의장 대표이면서 '86년 아시안게임' 등 국가형 이벤트에서 우리나라 최초로 전통의장행렬 재연을 감독했던 안현주 씨를 비롯하여 방송 3사 지인들과 PD 등입니다. 이들한테서 전통 군사의상과 소품을 무료로 제공받았습니다. 이제 군수는 임금이 되고 군의회의장은 서희 장군이 되어 입궁식을 치러냈습니다.

군과 의회가 서로 의견을 나누며 생산적이고 합리적인 관계를 이어 가길 바라는 마음에서, 품실제를 단순히 면 축제로 한정하기보다는 군 전체의 축제로 승화하고자 했습니다. 결과적으로 군수와 의장이 역사 속 인물로 분해 이벤트는 보다 유쾌해졌고 아름다운 지역축제가 될 수 있었습니다.

비록 유럽의 꽃이라는 영국의 에딘버러 축제나 장예모 감독이 계림 지역에서 연출한 '인상유삼저印象劉三姐'처럼 상업적인 대규모 축제 는 아니어도 품실제는 품실제만의 멋과 의미가 있습니다. 품실제는 기실 이웃손님을 기쁘게 맞이하여 나누고 어우르는 아름다운 축제입 니다. 또한 우리 스스로 전통과 농촌, 키치를 새롭게 해석하여 재연한 문화입니다. 그것은 지역민의 가슴에 영원히 전통으로 남아 후세까지 이어질 것입니다.

나는 품실제에 참여하면서 알게 되었습니다. 자발적으로 축제의 한 모델을 만드는 일은 지역 주민들의 공동체의식과 연대의식에서 비롯 되었음을 말입니다. 그러므로 나에게 품실제는 결코 중단되지 않는 축제의 혼, 우리 민족의 숨겨진 저력을 발견케 해준 아름다운 풍경입 니다. 나는 여전히 그곳 주민입니다.

제2장

도시문화를 선도하는 디자인

도시는 창문으로 시대를 말한다

디자이너는 마음이 곧 창이어야 합니다.
하늘을 나는 새와
떠가는 구름과 바람,
밤과 낮 그리고 새벽달이
그 창으로 들어오면
아름다운 세상의 꿈을
선물할 수 있기 때문입니다.

구룡포에 사는 친구집은 창이 바다로 열려 있습니다. 낡은 소나무 문틀로 된 창문이 삐걱거리며 열리면 오래도록 잊지 못할 만큼 아름다운 바다가 보입니다.

장마 때면 창문 틈새로 빗물이 애잔하게도 흘러들어옵니다. 이런 낡은 창틀이 왜 그리움처럼 기억되는지 지금도 모릅니다.

창을 보고 있으면 해녀인 친구어머니의 검붉은 얼굴과 6·25동란에서 얻은 깊은 육신의 상처를 안고 사시는 친구아버지의 굵은 주름이 떠오릅니다. 소금기 짙은 바닷바람과 역사를 같이한 세월이 파노라마로 재현되곤 합니다.

폴란드 아우슈비츠수용소 지하가스실로 끌려가던 유대인들이 마지막으로 본 창문은 그들에게 무엇이었을까요? 절체절명의 죽음 앞에서 한줄기 빛을 주었던 창문은 어떤 의미였을까요? 아마도 그들 눈에 비친 마지막 하늘과 빛 그리고 천국이었을 것입니다. 그리고 또 희망!

동쪽으로 난 창은 아침을 자랑하듯 교만스런 빛을 밀어대고 서쪽으로 난 창은 붉은 풍광으로 하루를 마무리해주는 너그러움이 있습니다. 새벽녘에 들어오는 조각달과 하늘빛은 어머니의 찌개가 보글거리고 그릇 스치는 새벽 소리와 중첩되어 그리움으로 몰려옵니다.

80년대 초 묘한 에로티시즘을 느끼게 했던 〈불 꺼진 창〉이라는 제목의 대중가요가 생각납니다. 한 여자를 사랑하여 그녀집 밖에서 유일하게 난 그녀의 방 창문을 보고 있는데 다른 남자의 그림자가 오버랩되면서 이내 불이 꺼지더라는 가사의 노래입니다. 그 당시 실연의 아픔을 가진 많은 사람이 술자리에서 고독하게 불렀던 노래였습니다. 그 작은 2층집 창은 상상으로 만들어진 것이지만 한 시대의 젊은이들에게는 애잔한 노스탤지어로 자리했기에 그 창은 아름다웠습니다.

홍등가의 붉게 드리워진 작은 창문과 주름진 체크무늬의 커튼. 이젠 이러한 것들이 도시를 구성하는 요소 중 하나라는 것을 알고 있습니다. 홍등가의 창이 붉어서 아름다운 것이 아닙니다. 그 창을 통해 이루어지는 자신만의 상상유희와 에로티시즘의 창으로 기억되기 때문일 겁니다.

이전에도 우리 민족의 가슴에 새겨진 원조 에로티시즘의 창이 있었습니다. 과거에 유교적 성의 억압사회에서 나타난 에로티시즘의 창과 상상유희의 창은 시대적 개념의 차이가 분명 있을 것입니다. 얇은 문풍지 창문을 보면 전통혼례에서 오금 저리는 짜릿함을 만끽하게 하는 신혼방이 연상됩니다. 결코 픽션이 아닌 현실 속에서 잠정적 묵인하에 침으로 구멍을 뚫고 거사(?) 장면을 은밀히 들여다보는 재미……. 이는 숨막히는 가부장시대의 권위와 시퍼런 유교의 규율 안에서 우리 민족에게 그나마 허용되었던 최소한의 에로티시즘이며 해학적 허허로움을 그대로 보여주는 상징적 창이 아닐까 싶습니다.

90년 초까지만 해도 텔레비전에서 〈전설의 고향〉이라는 프로그램이 있었습니다. 여름에 보는 프로그램으로 그만한 서스펜스나 호러물이 없었습니다. 무섭기도 하지만 이야기의 절묘함은 다음 장면을 몹시 기다리게 했습니다.

우리는 TV라는 창을 통해 구전으로 내려오는 픽션을 보고도 얼마든지 추억의 옛날옛적 일을 간접적으로 경험합니다. 〈전설의 고향〉은 "길 잃은 나그네가 산중을 헤매다가 창문 사이로 비추는 빛을 찾아 서둘러 발길을 옮겼더니 아름답기 그지없는 처자가 나그네를 맞이하였다."라고 상투적으로 이야기를 시작합니다. 그 여인은 나그네의 허기진 배도 채워주고 잠자리도 제공해주는데 문제는 역시 깊은 밤에 벌어지죠. 잠결에 어디선가 칼 가는 소리가 들려 창호지문에 구멍을 뚫고 내다보니 여우꼬리가 보이더라는 것입니다. 게다가 방안에서 창문으로 비치는 우아한 여인 자태의 하얀 소복 뒤로 보이는 늘어진 꼬리? 공포심에 질려 아찔해하는 순간, 뒤돌아보는 그 여인 눈빛에서 광채가 푸르게 빛나더라……. 대개 이렇습니다.

이런 뻔한 유형의 이야기임에도 그 안에는 우리 민족의 가난과 한 그리고 치정이 깊이 녹아 있습니다.

도시에 밀집한 아파트들의 행렬을 보면 묘한 인상에 사로잡힙니다. 서로 가까이 마주보고 있는 아파트의 창문들을 내다보고 있으면 민망해질 때가 많습니다. 어떤 집은 아예 안방이나 거실이 훤히 내다보이기도 합니다. 보는 쪽에서 조명을 끄고 은밀히 들여다보면 더욱 적나라합니다.

명장 히치콕 감독의 스릴러영화 〈이창 Rear Window〉은 그 시대 도시의 단상들을 보여주는 관음증(Peeping Tomism) 세계를 제대로 표현한 대표작이었습니다. 이 영화의 주인공은 미남 제임스 스튜어트입니다. 그는 다리를 다친 보도사진작가로 등장합니다. 외출이 어려운 주인공이 습관적으로 망원카메라를 들고 건너편 다른 아파트를 훔쳐보게 됩니다. 아파트 창문 너머 상대를 들여다보는 사진작가의 눈을 통해 도시사람들의 묘한 심리적 관음증을 잘 묘사한 명작입니다.

그 사진작가가 다친 몸으로 휠체어에 앉아 할 수 있는 유일한 소일거리라면 멍하니 창밖 풍경을 바라보는 것이었습니다. 건너편 맨션을 지켜보는 것이 취미 아닌 취미가 되었습니다. 뉴욕의 아파트들은 마치 영화 스크린처럼 우연히 혹은 몰래 상대를 훔쳐보는 관음증이 유발될 수밖에 없는 도시풍경 속에 함몰되어 있었습니다. 영화는 이러한 도시특성을 잘 보여주고 있습니다. 또한 히치콕 감독은 거장답게 보는 것에 시각적 소리가 주는 묘한 흥분감을 유발시켜 관음증을 더욱 부추기고 있습니다.

발레하는 아름다운 여자, 작곡가, 샐러리맨, 올드미스도 등장합니다. 이렇게 건너편 창문 속은 연극무대가 되고 사진작가는 관객이 되어 맨션에서 맞은편을 관찰합니다. 이 영화의 반전은 역시 상대를 우연히 관찰하다가 살인장면을 목격하는 것입니다. 카메라에 살인장면이 찍히면서 이것이 사건해결의 단서로 작용하며 영화도 끝이 납니다.

도시는 늘 새롭게 재생산되면서도 놀라울 정도의 다양성과 흡수력을 지녔습니다. 어느 도시학자들은 이것이 도시가 지닌 대단한 매력이라고 말합니다. 하버드대 에드워드 글리저 교수도 말합니다.

도시는 경제성장과 문명의 진보를 이끈
인류 최고의 발명품이다.

도시는 우리가 원하든 원치 않든 획일하게 제공된 창문을 통해 새로운 각도의 시선과 풍경을 전해줍니다. 우리는 이 창문이 보여주는 풍경 속에서 결코 자유로울 수도 벗어날 수도 없습니다.

획일적인 도시공간에서 창문은 최소한의 탈출구입니다. 작은 꿈과 그리움, 어떤 인상에 대한 기억, 자유, 희망, 에로티시즘, 슬픔, 너그러움, 노스탤지어, 소통의 통로입니다. 이렇게 창문은 수많은 사연으로 사람들에게 기억되고 있을 것입니다.

제한된 공간 내에서 오랜 시간 어떤 선택의 여지도 없이 고정된 풍경이나 움직임을 바라봐야 하는 입장이라면, 그 공간에서 이 창문이 얼마나 큰 우주인지 알 수 있습니다. 우리 마음속에도 공간이 존재하고 문도 존재합니다. 문이 열리고 닫힐 때마다 공간 속 존재와 소통이 이루어집니다.

소통방식에 따라 그 표정을 전달하는 사람마다 생각의 창이 크게 다르지 않다고 봅니다. 결국 디자인이라는 산물은 디자이너의 간접적이거나 직접적인 경험이 사고의 창을 통해 만들어진다고 할 수 있습니다. 인간의 마음속 깊이 내재해 있는 그리움, 희망, 자유, 노스탤지어…… 바로 이러한 요소들이 디자인의 소통요소로 작용한다는 점을 부인하지 못합니다.

디자이너의 창은 인간에 대한 배려와 소통, 그리움 등이 한데 어우러지며 각기 다른 표정과 빛깔로 아름다운 사유의 창을 만들어내야 합니다. 디자이너는 마음이 곧 창이어야 합니다. 하늘을 나는 새와 떠가는 구름과 바람, 낮과 밤 그리고 새벽달이 그 마음의 창으로 들어오면 아름다운 세상의 꿈을 디자인으로 선물할 수 있기 때문입니다.

나는 오늘 마음에 담긴 '사유의 창'에 조심스럽게 노크합니다. 문이 열리면 이내 쏟아질 감당하기 벅찬 눈부신 햇살을 두 팔 벌려 받아들이고 싶습니다.

정의 문화, 콩고물 문화, 젓가락과 숟가락의 문화, 란도셀이 아닌 보자기가 유용하게 쓰이는 나라, 나물과 고추장으로 비벼먹는 다양성의 디지털 나라로 귀착될 것이라는 이어령 선생의 디지로그(Digital+Analogue) 대한민국. 이것은 BC(Before Christ)가 BC(Before Computer)로 AD(Anno Domini)는 AD(After Digital)로 대변되는 시대에도 우리 창문은 정감과 사유의 아날로그 안에서 추억하는 소재로 자리합니다.

건축의 생명은 창문입니다. 건축가는 창문을 통해 혼과 표정, 개념과 성향을 담습니다. 바람과 풍경으로 통하는 유일한 도구이기 때문입니다. 건축물은 시대의 표정이라는 창문을 통해 완성됩니다. 빛바랜 사진을 보고 시대를 읽어낼 때는 창문양식에서 많은 영향을 받을 정도입니다.

유럽의 어느 곳을 가더라도 골목 창문이 특이해서 시선이 머뭅니다. 이러한 창문양식에서 그 집과 그 마을의 정서를 헤아릴 수 있는 법이지요. 결국 창문은 단순히 나만을 위한 투시 창이 아니라 상대에게 보여지는 공공의 창이기도 하며 사회적 무드를 조성하는 코드로 작용한다는 점을 말씀드리고 싶군요.

요즘 도시의 건축물은 아예 건물 전체가 창문으로 표현되는 경향이 있습니다. 유리재료가 건축물의 두꺼운 콘크리트를 대신하는 기술이 뒷받침되었기에 가능해진 일입니다. 단순히 창문이라고 규정짓기에는 경계가 모호한 창문이 건축물 자체가 되는 시대가 되었습니다.

이제 서울의 크나큰 창문들이 이 시대를 대변하는 아름다운 창문으로 거듭날 때입니다. 표독스럽게 변해가는 도시의 창문을 뜻하는 것이 아닙니다. 창문이 창출하는 경관과 표정을 담아내야 합니다. 이 창문을 빛과 시간의 소통, 밤과 낮을 통해 시시각각 다른 표정을 연출하는 공공적 영역으로 끌어내야 합니다. 창문 하나를 매개로 공공의 공간을 만들어가는 것, 이것은 나를 위해서가 아니라 함께 나누기 위한 '마음의 창'에서 출발하기 때문입니다.

디자인 기술이냐, 예술이냐!

과학과 기술 그리고 예술과 디자인은 하나이고,
그것들이 인간의 가치와 풍요를 위해
의도되었거나 상호 보완되었을 때
얼마나 큰 힘을 발휘하는지 배웠습니다.

디자인은 사물을 보기 좋게 포장하고 치장해서 소비자를 순간적으로 현혹시켜 상업적 효과를 극대화하는 잔재주! 아니면 예술과 기술 사이를 교묘히 오가면서 때로는 기술인 양하고 때로는 예술인 양하여 적당히 틈새를 이용한 돈벌이의 수단! 근대와 현대에 필연적으로 나타난 신종직업!

80년대에 들어서면서 우리 사회는 지독하게 가난했던 환경을 극복하고 꿈과 희망을 품을 수 있다는 거대한 힘이 모든 국민에게 작용했습니다. 저항의 힘을 보여준 3·1운동이나 70년대의 새마을운동, 그리고 2002년 월드컵을 통해 보여준 새로운 민중문화에 비교할 수 있는 그 거대한 국민의 힘에 대해 생각해봅니다. 그 힘은 우리도 하면 된다는 경험의 결과입니다. 생각을 바꿔 얻어지는 변화라는 결과를 체감했습니다.

세계 속에서 한 점의 지도를 메우는 변방의 작은 나라로 하루 세 끼 밥을 걱정했던 불우한 시절에는 미제, 일제 사탕과 먹을거리들이 배를 채워주기도 했었습니다. 이미 미국과 일본은 근대화의 물결을 타고 1930년대를 전후로 세계의 질서를 재편했기에 우리는 배고픈 그 이유를 오랜 세월이 흐른 뒤에 알았습니다.

20세기 초 세계는 전쟁을 통해서만 세계의 우열을 가르는 것처럼 사생결단을 내던 시기였습니다. 일본과 미국 그리고 유럽의 강국들은 세계 제1, 2차 대전을 치르면서 대량생산을 기조로 한 기술을 축적했습니다.

우리는 그 정신적인 순수성에 기인했던 예술을 기술과 접목하는 뉴 패러다임을 지켜보고 그 엄청난 파워를 실감나게 체험했습니다. 과학 기술과 예술문화를 축적한다는 것은 또 다른 세계에 대한 가능성을 내포합니다. 20세기 말에 요란했던 이데올로기는 무너지고 신 종속적 경제서열이 만들어지는 21세기의 당연한 결과를 우리는 보고 있습니다.

　기술과 예술을 접목한 합리적 양식의 기틀을 마련한 사건들이 있었습니다. 1907년 무테지우스에 의해 결성된 '독일 공작연맹'은 디자인의 기초가 되었고, 1919년 '바우하우스'는 예술과 기술의 새로운 통일을 꾀했습니다. 또한 1차 세계대전 이후 프랑스는 물자와 노동력 부족으로 아르누보에 반하고 대량생산의 요구에 따른 기계적이며 추상적인 기하학적 모더니즘인 '아르데코', 러시아에서 시작된 경제성과 생산성을 기반으로 한 프롤레타리아 문화를 건설하자는 디자인 실험운동이 잇달아 일어났습니다. 또한 '구성주의', 기하학적인 형태가 곧 기능적이라는 네덜란드의 신조형주의 '데 스틸De Stijl' 등 20세기의 일련의 운동들은 나름대로 인류역사에 크나큰 변화를 주도했습니다. 여기에는 분명 디자인이 있었습니다.

　이러한 사건들이 70∼80년대 우리의 격동기에 '희망'과 '도전'의 상징으로 휘몰아치지 않았나 생각해봅니다. 한발 늦었지만 오랜 사무師巫와 농경국가에 기반을 두고 있는 우리나라는 이 시기, 반복되는 가난의 대물림을 떨쳐낼 수 있었습니다. 고정관념에서 벗어나 열린 사고와 새 가치에 대한 의식의 변화를 가져온 시기였다는 점에서 참으로 다행스런 일입니다. 지구상에서 그저 변방에 불과했던 과거와 비교할 때 얼마나 다행스럽고 아름다운 일인가 싶습니다.

　다만 상대적으로 뒤늦게 출발한 것이 있다면 그것은 바로 디자인에 대한 의식입니다. 우리는 지금도 디자인을 기술로 다뤄야 하는지 예술로 인식해야 하는지 잘 모릅니다. 디자인을 그럴 듯한 치장이나 포장 또는 재간이나 숙련된 기술로 인식하는가 하면, 그림쟁이의 행위로 보는 '예술 짓'으로 규정짓는 사람도 많습니다.

그들이 말하는 흔히 '공돌이'로 폄하하는 기술자들, '환쟁이'로 깎아내리는 예술가들이라 지칭하는 단어 속에는 사회통념상 어느 분야든 서로 인정하지 않으려는 나쁜 근성이 숨겨져 있습니다. 근대에 들어 출현한 '디자인'이라는 단어를 과연 얼마나 아름답게 인식할 것인가, 이에 대한 기대는 만족할 정도의 수준은 아니라고 봅니다.

우리는 20세기에 세계가 어떻게 질서를 잡았고 경제적 서열을 만들었는지 잘 알고 있습니다. 21세기로 들어서고도 혹시 20세기에 반짝했던 Take-Off의 환상에서 벗어나지 못하고 있는 것은 아닌지 의구심마저 듭니다. 20세기 이데올로기의 해묵은 갈등이 결국 크나큰 전쟁과 살상을 초래했고 인간의 헛된 욕망과 권력이 얼마나 무상한지 세계역사를 통해 뼈저리게 배웠습니다.

과학과 기술 그리고 예술과 디자인은 하나이고, 그것들이 인간의 가치와 풍요를 위해 의도되었거나 상호 보완되었을 때 얼마나 큰 힘을 발휘하는지 배웠습니다.

1839년 다겔Dagel이 발명한 사진을 보고 "예술은 죽었다"라고 했지만 그에 의해서 비로소 새 영화예술이 탄생했습니다. 전기와 전자의 발명은 텔레비전을 탄생시키고, 백남준은 신개념의 예술로 세계중심에 섰습니다. 디자인은 편리하고 삶의 질을 높이기 위해 기술과 예술을 접목하는 메신저나 매개체가 되었습니다. 또 하나의 엄연한 객체로 자리잡은 것입니다.

이미 디자인은 대량생산 대량유통의 1차적 혁명에서 벗어나 감성개입이 가능한 문화적 변화요구에 부응하게 됐습니다. 디자인에 바로 교감과 반응이 포함되었습니다.

이제 행동과 조작이 가능한 2차적 혁명시대가 도래했습니다. 그럼에도 불구하고 우리 사회는 디자인을 단순반복의 기능을 소유한 기술자 정도로 인식하고 있습니다. 그러고도 '디자인으로 승부하라'며 세계와 경쟁해야 하는 당혹스러움에 직면해 있습니다.

디자인은 구상, 계획, 의도, 도안, 설계, 소묘 등 그저 연필 하나 들고 혼자 북 치고 장구 칠 수 있는 그런 것이 아닙니다. 사회 전반의 문화적 배경과 시대적 변화를 이해해야 합니다. 과학과 기술, 경영, 조정, 통제에 이르기까지 이 모든 것을 아우르는 통합적 본질을 이해하지 못한다면 우리의 디자인은 계속 국제적 레이싱에서 지고 말 것입니다. 헤럴드디자인포럼 2012에서 박원순 시장도 다음과 같이 역설했습니다.

> 21세기 불황의 구름 뒤에 감춰져 있는,
> 우리가 찾아내야 할 태양은 바로 디자인입니다.

헤럴드 회장은 다음과 같이 말했습니다.

> 상상의 결정체가 바로 디자인이다. 디자인은 외관이 아니라
> 영혼이다. 기업의 가치를 반영하며 삶과 사회,
> 세상을 바라보는 시각을 근본적으로 바꿔주기도 한다.

사회지도층의 인식은 곧 이 사회에 필요한 디자인은 기술이 아니라 영혼을 관장하는 인문학임을 일깨워주고 있습니다.

이제 단순히 손재주를 가진 사람을 디자이너라고 부를 수 없습니다. 기술을 수용하고 예술을 기초로 한 가장 특별하면서도 가장 일반

적인 산물을 내놓아야 할 중차대한 의무를 인식하는 사람만이 디자이너라고 말할 수 있습니다.

통념이나 몰개념의 사회현상에 새로운 인식의 변화를 가져오는 디자인이 필요합니다. 이제 학교는 손재주를 가르치거나 포장기술만을 가르쳐서는 안 됩니다. 경쟁력 있는 재목을 만들기 위해서는 디자이너를 체계있고 가치있게 길러내야 합니다. 예술과 과학과 문화를 수용하고 교차시켜 디자인과 접목하는 스티브 잡스를 보았기 때문입니다.

마니에리스모와 도시에서의 자재시장

디자인이란……

수많은 전문적 지식과 전문적 집단의 땀에 의해서
생명을 가지고 탄생한다는 사실을 알아야 합니다.
하드웨어와 소프트웨어의 진지한 연계 메커니즘이
이 시대에 절실하다고 할 수 있습니다.
보기에 좋고 매끄러워야만 디자인이라고 인식되는
통념화를 우려해야 할 때입니다.

르네상스에서 바로크양식으로 전환하는 과정에서 나타난 '마니에리스모'(Manierismo)양식을 떠올립니다. 마니에리스모는 이탈리아를 중심으로 지나친 인위성과 극단적 장식성에 치우쳐 16세기 말과 17세기 초에 잠시 보였던 회화적 매너리즘 이후에 나타난 사회현상에 대한 자학적 대변으로 비춰집니다. 예술적 부흥을 했던 르네상스의 빈틈없는 질서나 원칙에 질려 새로운 예술에 대한 모색이나 전환단계에서 겪는 홍역 같은 사회현상을 두고 예술은 여지없이 그 심기를 드러냅니다.

결국 바로크미술이 태동하는 가교역할로 '마니에리스모양식'이 존재했다면 시대도 하나의 감성과 이성을 지닌 인간행태로 보여야 할 것입니다. 정신적이든 물리적이든 시대의 환경변화 과정 속에서 홍역 자국처럼 예술적 결과물이 남겨지게 마련입니다. 독창성이 결여되고 개념의 개발없이 기존수법을 그대로 답습하는 것을 마니에리스모양식이라 할 수 있습니다. 틀에 끼워맞추는 부정적 의미로 쓰이는 이 마니에리스모양식은 지금 벌어지고 있는 사회현상과 여러모로 일치하고 있어 새삼 놀랍습니다.

브래들리 효과. 1982년 캘리포니아 주지사 선거여론조사에서 앞섰던 흑인 브래들리가 백인 조지 듀크미지언에게 패배한 것처럼 우리 사회는 보이는 정면성의 표정과 후면성의 선택이 매우 다르다는 것을 말해줍니다. 우리처럼 '도전'과 '새로움'이란 단어를 많이 쓰는 나라도 없을 것입니다. 하지만 선택된 결과물은 안정적인 카피를 용인합니다. 우리 시대의 아파트 신화가 그랬고, 골목을 채워가는 원룸형 근린 생활주택이 그랬고, 오피스텔이 그랬습니다. 새로운 질서의 참여보다는 스킬 없는 매끄럽고 균질한 재질, 반복되는 지루한 형태들, 인본적 개입보다는 관리형에 치중해 선택하는 사회현상을 말합니다.

이렇게 무력감이 팽배해 있는 사회를 '산성사회'라 정의하고 싶습니다. 산성사회를 알칼리성사회로 만드는 건축, 디자인, 문화, 예술을 보더라도 강력한 산성사회와 타협한 '가벼운, 너무도 가벼운' 감각주의나 편의주의에 맞춰 누구도 그 한계를 넘지 못하고 기존수법을 답습하고 있다는 인상을 지울 수 없습니다.

가슴을 뺀 머리로만 하는 표정 정치인들, 흥행을 전제로 한 감각주의에 몰입하고 있는 영화계, 반칙과 돈벌이가 먼저인 기업의 초상들, 철학이나 정체성없이 돈만 되면 만들어내는 건축적 산물들의 가벼움, 어디라고 할 것 없이 매끄러워 기대기는커녕 만지기조차 부담스러운 공간디자인의 가벼움, 끊임없는 연구와 지속적인 인내를 필요로 하는 인문학이나 철학, 과학은 대가 끊겨가고 오직 고시와 취업만능주의 등으로 비춰지는 처세술 양산 대학의 현실……. 이루 헤아릴 수 없는 주변의 가벼움을 보고 있습니다.

우리는 어느 순간부터 모든 면에서 자리를 지키는 고집스러운 그 무엇이 그리워졌습니다. 모두가 다 복제하고 답습만 한다면 참으로 그 끝은 생각만 해도 서글퍼집니다. 이러한 현상을 르네상스시대와 바로크미술시대 사이에 생성된 정신적 홍역 정도의 산통으로 치부할 수만은 없습니다. 시대와 시대를 잇는 아름다운 가교역할로서 훗날 당당히 이 시대도 하나의 독립된 정체성으로 인정받는다면 얼마나 좋을까, 이렇게 긍정적으로 초점을 맞춰보지만 결론은 예측할 수 없습니다.

요즘 텔레비전 그리고 잡지나 기타 매체들이 다루고 있는 건축, 공공디자인, 실내공간디자인의 결과물들이 마치 이 시대의 선각이나 바이블처럼 호도되는 가벼움성 속에서 살고 있습니다. 그렇다고 그것이 꼭 시대적 자각이나 지나칠 정도의 고집스러움과 장중함을 지녀야 한다는 뜻은 아닙니다. 우리는 늘 눈에 보이는 것에만 익숙하고 겉으로 보여지는 것만 진실이라 믿게 하는 위용적 매체에 나약하게 노출되어 있습니다. 디자이너를 꿈꾸는 모든 후배가, 다양한 소프트웨어와 매끈한 감각을 지니는 것이 마치 디자인의 전부처럼 여기는 그런 세상에 살고 있습니다.

이러한 사회구조와 인식 속에서 경쟁력도, 강점도 지니지 못한 디자이너가 양산될 가능성이 높다는 점을 생각해야 합니다. 디자인은 수많은 전문지식과 전문집단의 땀에 의해 하나의 '생명체'로 탄생한다는 사실을 깨달아야 합니다. 하드웨어와 소프트웨어의 진지한 연계 메커니즘이 이 시대에 절실히 요구된다는 점도 알아야 합니다. 보기에 좋고 매끄러워야 좋은 디자인인가. 이에 반론을 제기하며 사회통념에서 벗어나야 할 때입니다. 이는 전사가 총을 쏠 줄만 알았지 총알이 없거나 총이 고장나면 육박전이라는 새 특수임무가 맡겨져도 이를 수행해내지 못하는 이치와 같습니다.

이제 공간을 디자인하고 배분하고 다듬는 일은 단순히 고급자재를 사용하거나 인간에 대한 배려, 신중함, 난이도없이 획일적으로 선택하는 그 가벼움에서 벗어나야 합니다. 16세기 르네상스시대가 그러하듯 디자인 중심에 인간을 세워야 합니다. 단순히 연필로 그려내고 색칠해내는 게 아니라 인간존재의 근원을 파고들어가 진지한 디자인으로의 접근을 모색하는 자만이 이 시대의 진정한 디자이너라 말할 수 있습니다. 모든 매체가 '마니에리스모'에 빠진 이 시대 환경에서 디자인을 구출해내는 시대적 소명의식이 아니더라도 '디자인은 무엇인가' 늘 고민은 고민입니다.

어느 때부터인지 나는 여간해선 자재시장에 가지 않으려는 의지가 생겼습니다. 새 자재를 보는 순간 그것을 어떻게 디자인에 꿰맞춰볼 것인가, 이러한 욕구를 저버릴 수 없기 때문입니다. 마치 누군가 완벽하게 준비해놓은 음식재료를 냄비에 넣고 끓이기만 하면 될 것 같은 쑥스러움, 부끄러움이 불쑥 솟아나기 때문입니다. 음식에도 재료에 따라 발견의 맛과 가공의 맛이 존재하듯 말입니다.

보편적 전통이 디자인을 만나다

수천 년의 끈질긴 역사를 통해 축적된
우리 것을 찾는 일은
디자이너의 몫이 아닐까 싶습니다.
기술(Skill)과 조형물(Object)로 대변되는
우리의 진중한 역사흐름을 담고
흘러온 소재와 형식이 디자인에 접목된다면
그 가치는 매우 커질 것입니다.

기술과 소재의 르네상스를 살아가는 이 시대, 누군가 나에게 "과연 디자이너로서 행복한 시대를 살고 있다고 생각하느냐"라고 묻는다면, 나는 주저없이 그렇지 않다고 대답할 것입니다. 소재의 풍족함은 디자이너의 질적 사고를 저하시키고 변별력없는 그렇고 그런 작품을 양산할 가능성을 높이기 때문입니다. 이러한 극도의 매너리즘은 풍족한 사회에서 나타나는 호사다마好事多魔의 일반적 현상입니다.

우리 것과 나의 것은 뒷전에 두고 서양의 드러난 디자인스타일만 자랑스럽게 답습하면서 살아온 나를 잠시 돌아봅니다. 그동안 진중하게 바라보지 못했던 전통과 우리문화를 어떻게 받아들일 것인가, 고민하는 것이 못내 부담스러웠습니다. 생각만으로 패턴을 바꾼다는 것은 아집과 교만의 결과로 나타날 가능성이 있기에 감히 접근의 시도조차 못했습니다.

넘치고 넘치는 매끄러운 소재는 국산, 외산 할 것 없이 자재를 파는 거리를 뒤덮고 있습니다. 심사深思 없이 즉흥적으로 소재를 선택해도 실패율이 적은 이 시대, 일명 '자재 르네상스'는 디자이너를 지루하게 합니다. 새로운 생명력 있는 실험적 공간들을 탄생시키지 못함으로 인해 디자인의 후퇴를 가져올 수도 있기 때문입니다. Envelope 즉 모든 공간의 기본질서는 바닥과 천장 그리고 벽에서부터 시작합니다. 그곳에 재료를 마감하는 감각만 필요하다면 그것은 이미 디자인이 아닙니다.

관습적으로 나의 발걸음은 논현동 자재거리를 헤맵니다. 아니 솔직하게 말하자면 자재상 직원이 들고 온 자재를 무의식적으로 설계에 반영한 일이 다반사가 되어가고 있습니다.

돌아보니 벌써 디자이너로 활동하면서 많은 세월이 흘렀습니다. 구스타프 크림트의 예술의 공간접목, 사무엘 막비의 낮은 디자인, 훈데

르트 바서의 재료철학은 나를 더욱 부끄럽게 합니다. 그들의 예술혼은 거창한 구호없이, 가장 쉽고 가까운 곳에서 시각만 달리했을 뿐인데 우리에게 많은 가르침을 주고 있습니다.

수천년 이어온 역사 속에 우리 것을 찾는 일은 디자이너의 몫이 아닐까 싶습니다. 기술(Skill)과 조형물(Object)로 대변되는 우리의 진중한 역사의 흐름을 담고, 그 역사 속에서 흘러온 소재와 양식을 디자인에 접목한다면 그 가치는 매우 커질 것입니다. 일본작가들이 세계적인 대열에서 빠지지 않는 이유는 그들이 우리 디자이너들보다 뛰어나서가 아니라 그들의 것을 만들어냈기 때문입니다. 참 쉽고 간단한 결론입니다.

유럽의 디자인은 이미 매끄럽고 세련된 자재와 소재 시장에서 벗어나 스킬과 자연주의를 탐닉하고 있는 추세라고 제시된 증거들을 통해 재해석되고 있습니다. 이러한 흐름 속에서 우리 전통의 스킬과 오브제, 도도한 기술과 예술성이 매너리즘에 빠져 있는 우리 디자인을 새롭게 할 열쇠라고 단언한다면 무리라고 여길지 모르겠습니다. 나전칠기와 도자기기술, 염색과 섬유, 평면적 패턴과 형태 그리고 조형철학의 디자인적 재해석은 세계를 놀라게 할 만한 그 무엇이 분명 있다고 생각하는 바입니다.

다행스러운 일은 '2007 리빙디자인페어'에서 전통작가와 디자이너와의 만남을 유도하는 모습을 보고 가슴에 전율이 일며 행사 내내 행복했습니다. 전통기술을 보유한 장인과 현대 조형감각을 가진 유명 디자이너를 한 팀으로 묶어 새로운 가능성을 모색한 행사였습니다. 물론 그 이후 다양한 형태의 페어가 생겨났지만, 이 행사는 그동안 말로만 필요성을 제기해오던 전통작가와 디자이너의 만남을 실제 행동으로 옮긴 중요한 계기를 마련했다는 점에서 박수를 보내고 싶습니다. 전통이 공간디자인으로 스며드는 순간 우리 것, 아니 나의 디자인은 빠른 속도로 세계로 파고들지 않을까 믿어 의심치 않습니다.

유럽의 스킬과 오브제는 우리에게 많은 시사점을 주고 있습니다. 크래프트(공예)와 디자인적 내공은 원시미술과 이집트미술을 거치면서 우주만물과 대립관계를 대변하는 추상적 모티브를 발견해냈다고 볼 수 있습니다. 예술이 국가권력의 도구로 쓰이면서 메소포타미아와 그리스, 로마미술을 거쳐 마침내 신과 접목되었습니다. 여기에 과학과 기하학, 철학으로 무장된 예술이 균형적으로 발전하면서 비잔틴, 로마네스크, 고딕양식으로 이어지고 종교와 합일된 예술로 발전했습니다. 그리고 중세 암흑기를 거쳐 인간을 중심에 세우는 르네상스와 바로크, 로코코를 거쳐 신고전주의로 이어집니다. 이렇게 디자인은 발전을 거듭하면서 예술의 독립성과 천재성을 인정하고, 낭만주의와 사실주의 그리고 인상주의를 거치면서 유럽예술의 완성을 보여주었습니다.

그 결과 입체파, 미래파, 다다이즘과 추상표현주의, 미니멀아트와 팝아트, 포스트모던까지 대변하는 현대미술로 숨가쁘게 달려올 수 있었습니다. 시대별로 축적된 장대한 디자인 역사가 우리 문화와 예술 속에 켜켜이 담겨 있다는 것입니다. 바로 추상, 기하학, 미니멀리즘, 팝, 모더니즘 등 지금 우리가 쓰고 있는 디자인적 용어는 문화와 예술의 역사와 더불어 시대를 대변하는 아이콘으로 작용했습니다. 더불어 디자인 발전의 토대가 되는 문화콘텐츠임에 틀림없습니다. 우리 역사 속 디자인적 모티브가 문화콘텐츠가 될 가능성이 높다는 것을 알면서도 그동안 이에 대해 고민하고 재구성하고 재해석하는 일에 등한시해왔다는 점을 솔직히 인정합니다.

지금 유럽은 역사 속에 축적된 예술을 디자인적으로 재해석하고 이를 상품화하여 세계디자인과 예술을 주도해가고 있습니다. 과거역사 속에 축적된 예술을 팔고 이를 재구성하여 새 시도를 해내는 데 거침 이 없습니다.

파리에서 열리는 소품박람회인 '메종오브제'에 참관했다가 동양사 람을 홀대하는 태도에 많은 생각을 하고 돌아왔습니다. 알고 보니 카피 에 능한 동양사람을 싸잡아 나쁘게 보는 경향의 표출이었습니다. 이 경 험을 통해 디자이너 역할이 얼마나 큰지 알게 되었습니다. 지금 유럽은 과거역사와 예술 속에서 자연스럽게 흘러나온 디자인을 단순히 응용 했을 뿐인데도 새로운 디자인시장을 만들어내고 있습니다. 바로 스킬 과 오브제 시대의 르네상스를 조성하고 있다고 해도 과언이 아닙니다.

아르누보가 다시 등장하고 수작업으로 대변되는 직조는 고정가구 와 이동가구, 조명, 벽지, 장식소품에 이르기까지 산업시대와 정보시 대를 거쳐 유럽의 대량생산으로 이어지면서 제품의 질을 상대적으로 저하시켰습니다. 이로 인해 문화적 진중함이 얇아졌다는 의식이 내재 되었습니다. 21세기를 시작으로 스킬과 오브제 양식으로 디자인적 표현경향이 급격히 바뀌고 있습니다. 이것은 인간성 회복과 스킬 시 대에 대한 향수에서 비롯된 것으로 봐야 합니다.

그렇다면 우리 역사를 되돌아볼 때 처음부터 스킬 문화를 고집했던 장인정신의 나라임을 누구나 알고 있습니다. 5천 년 역사에 배인 장인 문화는 이제 우리에게 무궁무진한 자원이 될 수 있다는 것을 압니다.

외국인들이 우리나라를 방문하면 살 만한 토산품이 없다고 일축합 니다. 그것은 진정한 우리 것이 없다는 말입니다. 서구 것을 열심히 닮으려 노력해도 그들에게는 그저 어설프기 짝이 없는 서구흉내로 보 일 것입니다. 우리 고유문화에 대한 관심의 끈을 오랫동안 놓고 살았 던 나, 오늘 '부끄러운 나'를 발견합니다.

새로운 도시창조파일 디지털-City of Bit

디지털의 빠름이
아날로그의 사색과
기다림의 인내를 지배한다는 데는
이견을 내세울 수 없게 되었습니다.
그러나 이것의 아름다운 합체는
새로운 인류의 창조가치가 된다는 사실을
믿어보고 싶습니다.

프로이트는 인간은 스스로 이성을 가지고 지배하는 것이 아니라 통제하기 어려운 욕망과 무의식의 지배를 받는다고 말했습니다.

생물학자 데스몬드(Desmond Morris)는 인간을 '털없는 원숭이'로 규정합니다. 첨단기술과 우주를 여행하는 위대한 문화를 자랑하지만 결국 동물적 본성으로 먹고, 배설하고, 짝짓기하고, 새끼를 키우고, 싸우고 몸을 치장하는 데 매우 열심히, 라는 것입니다.

물질의 근본인 원자 세상에서 비트Bit로 이루어진 비트왕국이 등장했습니다. 긍정적이거나 부정적인 요소인 디지털은 도시를 스마트하게 만드는 유전인자를 가졌지만 그것이 인간의 행복을 결코 보장해주지는 못하리라 생각합니다. 보이지 않는 비트로 이루어져 있어 더더욱 욕망이나 무의식과 친해질 수밖에 없다는 것입니다.

비트는 전 세계로 연결된 컴퓨터를 통해 이미지, 기호, 소리를 실시간으로 끝없이 보관합니다. 디지털로 기호화된 물질과 사람들의 생각이 비트로 축적된다는 이야기입니다. 비트는 물질이 아니라 인간의 활동과 치환되는 결과물이기에 두려운 존재가 되지 않을 수 없습니다. 과거 역사 속에서 원자를 인류의 재앙소재로 사용하여 사상 초유의 비극을 초래했습니다. 히틀러의 숨겨진 동물적 본성, 광기가 발동하여 최초의 원자탄실험이 실시되었고, 물질본능 자본주의와 결합하면서 디지털기술 권력과 부의 편중을 낳았으며, 그 시간과 기술을 확보하지 못한 국가간에 심각한 경제격차를 낳았던 것도 따지고 보면 오늘날의 바로 디지털이야기입니다.

아날로그시대가 세대와 공간을 위계있게 만들었던 '정감소통'이라면, 지금의 디지털시대는 검색과 인증의 '촉감소통'이라고 할 수 있습니다. 디지털은 심각한 세대간 격차를 낳았으며 나아가서 소득격차의 원인이 되었고 능력의 유무를 판가름하는 기준으로 작용하기도 합니다. 감각체감을 강요하여 이에 편승하지 못한 사람들은 상대적 박탈감이나 소외감, 공포감에 시달리게 되어 이 시대를 사는 우리를 다소 슬프게 합니다. 실례로 우리가 하는 모든 사회적 소통수단이 우리도 모르는 사이에 자동으로 데이터베이스에 저장되는 기현상을 낳고 있습니다. 예컨대 페이스북, 구글, 네이버, 트위터에 올린 글들 모두가 그들 서비스 회사의 거대한 데이터 저장소에 쌓여 새로운 굴뚝없는 자본기업이 형성되며 이 시대의 경제, 권력, 감시자로 등장하고 있는 추세입니다.

정보가 축적되면 그것이 지식의 바다로 둔갑되어 지식을 무력화시키는 탈지식의 시대를 예고하기도 합니다. 결국 이용자들의 활동과 참여로 이루어진 데이터를 실시간 처리하여 마케팅, 정보지식 자료로 사용하거나 실시간 감시와 통제수단으로 악용될 수도 있습니다.

만약 거대 포탈기업과 서비스기업의 빅 데이터를 인류공동체를 위한 지식과 정보의 유산으로 연결한다면 정보사회의 이기利器를 우리 모두의 아름다운 자산으로 만들 수 있습니다.

빅 데이터가 상호연관성이 있는 데이터끼리 링크되어 데이터의 유효성을 높이면서 이용자의 것으로 만들 것인지, 아니면 욕망의 도구가 되어 자본의 감시와 통제수단으로 떨어지게 할 것인지는 데이터를 생산하고 소비하는 우리에게 숙제로 남겨진 것 같습니다.

도시와 디자인에 있어서 아날로그 감성체계에 익숙한 공간 디자이너들에게 윌리엄 미첼은 《City of Bit》에서 다음과 같이 주제를 던지고 있습니다.

"물질의 보관 그리고 물질의 이동을 중심으로 한 건축의 인간통제 개념 기본원리가 정보의 저장과 커뮤니케이션 운용 중심의 정보통제

건축물들로 대체되고 있다."

이렇게 말하고 있는 것은 물리적 공간만이 아닌 사이버공간까지도 공간영역에 포함하고 있음을 보여줍니다. 모든 영역이 데이터 커뮤니케이션의 일체화에 몰입될 것이고, 콤팩트해지고 무선화되어 보다 편리하고 빠르게 디지털 속성을 유감없이 발휘하리라 믿어 의심치 않습니다. 이것은 또 하나의 엄연한 공간인 사이버공간이 인간의 사고확장성과 맞물려 뜨거운 감자로 자리잡고 있다는 증거이기도 합니다. 하루에 처리할 일의 양은 수십 배로 빨라지고 순식간에 기록되고 있음에도 우리는 왜, 여전히 바쁘고 또 다른 일이 내 의지와 상관없이 채워지고 마는지 모를 일입니다.

디지털시대의 소비패턴 변화와 표현의 질적 기대치가 높아지면서 오히려 노동량은 늘어났습니다. 과거에 살던 사람들과 비교하여 오늘을 살고 있는 우리의 행복지수가 결코 높다고 말할 수 없는 이유도 여기 있습니다. 인간의 확장성이 인류를 파멸로 몰고갈 것이라고 사회학자들은 계속 지적하고 있습니다. 문명비평가 사노 히로시는 《21세기 디자인》이라는 저서에서 이렇게 말하고 있습니다.

> 2000년 동안 인간과 그 활동은 몇억 배로 확대되고
> 거대화되었는데 한없이 크고 위대하다고 생각되었던
> 지구가 상대적으로 너무나 작고 나약한 것으로 변했다.

아날로그가 도시에서 몸체라면 디지털은 핏줄과 정신이라는 상호일체론입니다. 아날로그의 다양성과 만나는 디지털은 좀 천천히 살아보자고 지속가능한 문화(Permanent Culture)에 관심을 가지고 연구합니다. 사람들은 정보와 지식의 도구가 되어 천천히 제어됩니다. 인류의

오랜 역사 속에서 경험하고 터득했듯 자연법칙에 순응해야 한다는 것도 디지털로 축적된 지식과 정보에 의해 연구된다면 그만큼 빠르고 정확한 설득력을 보여줄 것입니다. 복원할 수 없어 보이던 양제천이 서울 한복판에 피라미와 붕어를 불러들였습니다. 산업사회의 그늘로 상징되는 청계고가가 철거되고 청계천이 복원되었습니다. 디지털 도시에서 이루어진 지식과 소통의 설득력 때문이라는 것을 압니다.

통일독일을 상징하는 포츠담 프라자에 건설된 소니센터, 다임러 크라이슬러 건물 등 19개의 건물군은 생태건축을 이룬 최고의 건축물들입니다. 고도제한, 빗물정화, 에너지 절약형의 까다로운 독일의 생태건축 조건을 만족시킨 성공적 개발사례 작품으로 꼽고 있습니다.

이는 녹색지붕의 신개념 생태건축기법을 이용하며 디지털의 설계능력과 맞물려 디지털의 완벽한 통제에 의해 이루어졌습니다. 하늘에서 떨어지는 빗물의 15퍼센트를 지하저수지에 저장하는 방식을 쓰고 있습니다. 나머지 빗물은 증발시키거나, 흐르는 빗물은 자연적으로 정화되어 도심 인공호수로 흘러들어가게 합니다. 이러한 건축공법은 이내 빛을 발하여 하루 8만 명의 관광객을 세계에서 끌어들였습니다. 이 증거는 이제 인간과 자연이 도시에서 어떻게 숨쉬어야 하는지 보여주는 좋은 결과입니다. 지역경제도 어떻게 에너지를 이용하느냐에 따라 무한가치를 높여줄 수 있음을 보여주는 좋은 사례입니다.

디지털과 아날로그로 혼합된 도시는 녹차와 원두커피, 유니섹스모드, 콜라와 소주, 가야금과 바이올린의 선율, 현실과 비현실 등의 혼합과 일치됩니다. 디지털의 빠른 속도가 아날로그적 사색과 기다림의 인내를 지배한다는 데는 이견을 내세울 수 없게 되었습니다. 그러나 아날로그와 디지털의 아름다운 합체는 새 인류의 독창적 창조가치가 된다는 사실을 믿어보고 싶습니다.

실명이 거론되는 디자인

의사는 환자를 집도하면서
이름을 걸고 합니다.
농업생산자들도
이제 이름을 밝혀내는
현실에 살고 있습니다.
생산되는 건축물과
디자인 생산물에
작가의 이름을
달아주어야 합니다.

이 시대의 디자인 산물이라고 하는 모든 것들 중에서 과연 몇 퍼센트를 실명으로 거론할 수 있을지 생각해본 적이 있습니다. 실명이 거론된다면 당연히 작가는 최선의 결과물을 내놓을 것입니다. 이것은 국내 디자인 환경에서 자연스러운 질적 경쟁력을 높이는 적자생존의 원리로 작용될 뿐만 아니라 국제경쟁력을 갖추게 할 것입니다. 이미 몇몇 선진국들이 작가의 명예를 존중하고 국가적 부가가치를 높일 수 있다는 점을 감안하여 이 풍토를 자연스럽게 조성하고 있습니다. 아직 디자이너 실명제가 정착되어 있지 않은 한국사회에서는, 그저 술자리에서 디자이너들 사이에 회자되는 그런 슬픈 현실이기도 합니다.

유명한 시드니 오페라하우스, 미국 게티센터, LA카운티 뮤지엄, 도시생태건축의 최고 프로젝트인 독일의 포츠담 건축물 등의 정부 프로젝트에서는 공모를 통해 작가를 선정하였습니다. 선정된 작가는 명예와 함께 설계권을 가집니다. 작가의 디자인이나 설계를 잘 표현해줄 수 있는 시공기업 선정에도 일부분 힘을 싣게 하여, 기업이 이익만을 위해서 설계의 의도적 변질이나 정부를 상대로 로비를 어렵게 하는 시스템을 이용하고 있습니다.

건축 설계회사들도 건축가를 도와 화려한 컴퓨터그래픽 잔치로 평가되는 죽음의 설계공모가 아니라 몇 장의 스케치라도 작가의 생각과 철학을 보고 평가합니다. 그래서 기업은 안전정신과 기술을 축적하고 작가는 철학적, 심미적, 합리적으로 작가정신을 발휘합니다. 이런 풍토가 먼 이웃 나라만의 일인지 진실로 우리 설계공모문화를 심도있게 생각해봐야 할 일입니다.

설계회사이든 시공회사이든 기업은 이윤을 내는 집단입니다. 이 집단은 성장 일변도의 속성이 있습니다. 공공적 성격의 프로젝트를 분명한 개념과 의도로 지속시키기 어렵다는 것은 누구나 압니다. 기업이 아무리 아름다운 기업이념을 가지고 있다 해도 역시 기업은 기업입니다. 그러므로 지금까지 주도해왔던 설계, 시공기업들을 비방할 이유는 없습니다. 그나마 우리나라가 새로운 공간디자인 산업을 조성하는 실험적 환경에서 기업이 각고의 투자와 연구를 통해 시스템을 구축하고 인력 전문화를 가져왔다는 점은 인정해야 하기 때문입니다.

실패와 재도전의 연속선상에서 시스템과 전문인력을 키워왔습니다. 이러한 전문인력과 시스템을 퇴보 또는 후퇴시키지 않는 방법에 대해 연구하지 않으면 안 될 현실을 맞이했습니다. 기업논리로 철저하게 무장된 프로젝트 경쟁체제는 변화하는 21세기의 디지털환경에 맞지 않기 때문입니다. 어느 정도 규모를 갖춘 기업들만 경쟁할 수 있기 때문에 일부 정해진 소기업 간에 별반 차이없는 소모적 경쟁이 일어납니다. 경쟁과정에서 발생한 금전적 손실이나 음성적 로비관행의 잡음, 경쟁기업을 불신하는 사회시각 등은 21세기에 반드시 수정해야 합니다.

기업논리의 경쟁체제를 바꾸지 않으면 음으로 양으로 손실된 시간과 경제적 환경을 프로젝트 내에서 대체할 수밖에 없게 됩니다. 나아가서 어렵게 길러온 전문인력들이 국제경쟁력을 갖춘 인력으로 성장하는 길을 가로막는 현상을 초래합니다. 이는 기업의 문제만이 아닌 범국가적 차원의 문제입니다.

건축 선진국들은 국가적 프로젝트뿐 아니라 기업의 프로젝트라 하더라도 건축과 개발에 최하 5년에서 길게는 15년을 공들여 구성합니다. 이렇게 내실을 기하여 세계적 명소를 만듭니다. 전세계적인 명소는 국가의 경제적 뒷받침이 될 뿐 아니라 한 나라의 질적 문화축적에 큰 기여를 한다는 것은 상식이 되어버렸습니다.

이제 우리의 자부심 넘치는 공간을 만드는 데 기업논리를 적용하여 치부해서는 안 됩니다. 기업이 디자인과 설계를 분류하고 지금까지 쌓은 제작노하우를 전문화한다면 우리의 국제경쟁력은 2배, 아니 10배는 높아질 것입니다. 기업논리로 만들어지는 산물들이 서류상으로는 아무런 문제가 없을지라도 그 내용의 부실은 불보듯 뻔합니다. 매년 이같은 실수를 반복하면서도 수십 년 동안 단 1퍼센트도 바뀌지 않고 있습니다.

1991년 일본 후쿠오카의 작은 호텔 '일 팔라조'를 설계하여 미국 건축가협회의 명예상을 수상한 것을 보면서 많은 사람들은 건축에 건축주는 배경에 있고 건축가가 전면에 나설 수 있다는 사실을 믿게 되었습니다. 이탈리아건축가 '알도로시' 그리고 '알프레도 아리바스' 등 이름만 들어도 알 만한 건축가들의 혼이 거기 담겨 있었습니다. 이 호텔의 오너는 건축가들에게 편지를 보내 작은 설계비를 솔직하게 공개하는 용기를 발휘함으로써 건축가들의 혼을 얻게 됩니다. 결국 창조적 부분에 집요한 투자를 했다고 봐야 합니다.

이 호텔은 곧 유명해졌고 사람들에게 사랑받는 명소가 되었습니다. 14년에 걸친 작가선정과 설계시공이 이루어진 미국의 게티센터는 창조성이 얼마나 중요한지 보여주는 세계최고의 길작입니다. 작가중심적인 선정과 수행이 가져다준 모범적인 건축물입니다. 여기에서는 시공기업이 소리를 내지 않습니다. 작가의 진정한 혼이 담긴 건축물입니다.

프랑스 월드컵 개막식과 폐막식의 연출은 30대 젊은 연출가가 최고의 기량을 선보였지만 거기서 기업을 얘기하진 않습니다. 이처럼 창조는 작가의 끝없는 상상과 기술, 내면의 질서를 통해서만 가능한 일인데 유독 우리나라만 창조적 디자인이나 연출 그리고 설계에 대한 대가가 인정되지 않는다는 것은 무상식의 부끄러움을 드러내는 소치가 아닐 수 없습니다.

지금 우리나라에 축적된 창조적 기반을 갖춘 건축가와 디자이너의 역량은 세계적인 수준에 와 있고 그 숫자 또한 셀 수 없이 많습니다. 지금도 디자인과 건축은 5년, 6년제로 대체되는 학교가 속속 들어서고 있습니다. 전 세계 건축 등 디자인 공모에서도 우리나라 건축가가 두각을 나타내며 그 숫자도 빠른 속도로 늘어나고 있습니다. 우리나라 전체의 틀로 보면 가르치는 교수나 선생님, 학교, 정부 모두가 상상을 뛰어넘는 에너지를 창조적 디자인에 투자하고 있음을 보여주고 있기 때문입니다.

우리 민족의 창조적 역량과 성실도에서 어느 나라와 비교해도 결코 뒤질 리가 없다면 지금의 현실이 그저 안타까울 수밖에 없습니다. 의사는 환자를 집도하면서 이름을 걸고 합니다. 농업생산자들도 이제 자신이 재배한 상품에 이름을 내거는 현실에 살고 있습니다. 생산되는 건축물과 디자인 생산물에 작가의 이름을 달아주어야 합니다. 이름을 걸지 않는 모든 것에 철학과 건축 혼은 심어지지 않습니다. 작가도 그만큼의 평가를 받는 사회 성숙도가 절실하게 그리워지는 이유입니다.

우리 전통의 근간이 재창조적 신화에 길을 묻다

저변의 순수성과 나눔 지심이
묘한 결집과 신명神命의 에너지로 나타난
2002년 월드컵과 부드러우나 강하고 각본이 있으나
자유스러운 그녀 김연아에게서
다시 한 번 우리의 예술적 근간을 발견하고 있는 것처럼
디자인은 우리 것의 내밀한 가치와 교제하는 일에서
시작된다고 말할 수 있습니다.

나는 우리 전통을 이해하는 데 많은 미사여구가 필요하다는 사실을 알게 되었습니다. 전통의 근간이 어디에서부터 왔으며 어떻게 가치를 측정하고 재창조할지 자문해봅니다. 우리 문화를 이해하는 데 무겁고 어렵다는 생각이 항상 앞섰기에 이러한 자문이 나오는 것이 아닌가 생각해봅니다.

80년대 미국의 팝은 젊은 층으로 확대되지만 우리 고유의 판소리는 상대적으로 더 멀어져간 느낌, 목수는 많아도 도편수가 턱없이 부족한 현상들……. 우리 것은 늘 우리 곁에 존재하고 있었는데도 말입니다. 타의든 자의든 서양문물을 접해야 하는 누란지위累卵之危 상에서 동도東道는 지키면서 서기西器는 받아들이자는 1880년 초 동도서기론東道西器論에 주목하면서, 이미 거의 100여 년 전의 민족적 고민이 지금과 별반 다르지 않음에 놀랍기도 합니다.

19세기 들어 실학문實學文과 과학이라는 무기로 산업적 차원에서 앞선 서양은 동양의 위협이 되었습니다. 그 위협은 개방압력으로 이어지며 우리뿐 아니라 동양 3국에 많은 부담을 주었습니다.

서양보다 뛰어나다고 자부하고 있던 도덕과 사상 등 고유의 전통문화는 그대로 유지하면서 동양보다 뛰어난 서양의 과학기술만을 수용하겠다는 자구책이 우리에게는 동도서기론이지만, 중국에서는 양무운동洋務運動의 기치로 내세운 중체서용론中體西用論이고, 일본은 자국 개화론자開化論者들이 내세운 화혼양재론和魂洋才論입니다. 무형의 정신세계를 중요 가치로 여겼던 동양적 기틀이 서양의 유형적 가치질서를 맞이하는 사뭇 놀라운 표정의 증거들입니다.

표현은 다르지만 공통된 견지를 읽을 수 있는데 각기 나라마다 전통문화를 바탕으로 서양문물을 받아들여야 한다는 내용입니다. 우리의 전통문화는 무엇을 기반으로 하고 서양의 무엇을 받아들여야 할지 쉽게 그 답을 내릴 수 없었습니다. 그만큼 전통이 지닌 보편적 가치는 뜨거운 감자였습니다. 여기에는 역사적 자존감, 유교적 배타성, 자신감의 결여, 새로운 것에 대한 두려움, 정신체계의 이질감 등이 복합적 함수로 작용하고 있어 그 고민은 더 컸으리라 여겨집니다. 세계는 인터넷으로 하나가 되었고 교통으로 가까워졌습니다. 그러므로 우리의 전통을 근간으로 한 디자인 접목범위와 수용태도가 어디까지 가능한지 궁금해집니다.

전제왕권 체제인 우리와 달리 일본은 이원적 정치체계를 가지고 있었습니다. 왕실과 쇼군에게 반대하던 일부지역의 무사들이 개방압력을 가해오던 미국과 손잡고 쇼군을 몰아내어 왕 중심의 새로운 국가체제를 만들었습니다. 이것이 바로 메이지유신입니다.

이에 성공한 일본은 아시아에서 최초로 근대화하는 데 성공했고 아시아 유일의 '제국주의' 국가가 되었습니다. 일본은 일본색日本色이라는 기치를 내걸고 자의든 타의든 100년 넘게 문화적 전통가치가 높은 고유문화를 서양에 내보였고 그 결과는 지대했습니다. 미국이 했던 행동을 그대로 따라하면서 조선을 침략하여 '강화도조약'을 맺고 우리대륙을 괴롭혔습니다. 문화의 후발주자인 우리 민족에게는 이같은 과거역사는 지워지지 않는 아픈 상처로 남게 되었습니다.

그러나 우리는 동도東道와 동기東器를 동시에 만들 수밖에 없는 운명에 처해 있습니다. 우리의 전통가치를 체계화하는 것은 당연한 일입니다. 학교교육으로 시작되는 우리의 내밀한 가치들을 신파新派로 비하하기보다는 행복가치로 여기는 의식의 전환이 필요할 때입니다. 독립 200년 남짓한 미국도 전세계인들을 자국민으로 끌어들이면서 내건 것은 '미국인의 조건'이었습니다. 미국의 유명한 디자인대학인

'파슨스'나 '플랫' 등의 예술교육에서 일본, 중국의 문화가치 교육을 실시하는 것은 이미 일반화된 지 오래입니다.

우리나라 최초의 한국미술사학자 고유섭 선생은 우리 미술을 무기교의 기교, 무계획無計劃의 계획, 비정제성非整除性, 질박質朴, 둔후屯厚, 순진純眞, 비균제성非均齊性, 적막寂寞한 유머, 어른 같은 아해, 무관심성, 구수한 큰 맛 등으로 표현하고 있습니다. 일본인으로 한국미술사를 남긴 야나기 무네요시柳宗悅는 우리 미술을 '선선적인 미술'이라 하고, 1920년에 에른스트 짐머만Ernst Zimmermann은 한국미술을 순수, 건강, 자연스러운 색이 인용되어 "자연에 대한 순수한 표현의 기쁨이 드러나고 있다." 라고 적고 있습니다. 상당히 다른 문화적 배경을 가진 학자들도 그 궁극적 논지는 같다는 것을 알 수 있었습니다. 이것은 서양의 예술근간이 된 천재주의적 예술혼이 아니라 우리 민족 전반에 걸친 보편적 예술혼이라고 역설하고 있는 것입니다.

고유섭이 정의하고 있는 조선미술은 민예적인 것이며 신앙과 생활, 미술이 분리되어 있지 않다는 것입니다. 그러므로 순전히 감상만을 위한 근대적 의미에서의 미술이 아니라 미술이자 종교요, 미술이자 생활이라고 했습니다. 이것은 우리 것의 심의식心意識이 우리의 보편적 가치와 연관성이 있음을 보여주는 대목입니다. 우리의 전통과 미의식, 그리고 우리의 미적 보편적 가치가 무조건 세계에 통할 수 있는 것은 아니지만, 오히려 우리 것이기에 무한한 '창조 가능성'을 내포하고 있다는 점을 부인할 수 없는 일입니다.

하찮고 작은 지류支流에서 시작되지만 결국 거대한 물줄기가 되듯, 문화적 무형의 힘이 한류신화韓流神話로 이어지는 엔터테인먼트 신드롬처럼 예측 불가능한 결과들을 우리는 그 증거를 통해 만날 수 있기 때문입니다.

저변의 순수성과 나눔 지심이 묘한 결집과 신명神命 에너지를 창출합니다. 2002년 월드컵을 통해 우리민족이 하나되는 신명의 에너지를 체험했습니다. 또한 부드러우나 강하고 각본이 있으나 자유스러운 김연아가 세계적으로 돌풍을 일으키며 다시 한 번 우리 민족 속에 내재되어 있는 예술적 근간을 발견하는 계기가 되었습니다.

디자인 또한 우리 것의 내밀한 가치와 교제하는 일에서 출발한다고 말하고 싶습니다. 우리 것에 내재되어 있는 보편적 가치발견, 이를테면 거친 숨소리, 무질서의 질서 등 묘한 매력적인 요소들이 디자인과 접목되면서 신화적 에너지로 전환, 창출될 가능성이 높다는 것을 헤아려볼 일입니다.

'웰빙' 다음은 '웰룩킹'

이제는 웰룩킹Well Looking입니다.
존재의 다음은 보는 단계입니다.
보이는 것만큼 카타르시스도 존재합니다.
우리가 만들어낸 것을 본다는 것은
그만큼 인류존재의 이유가 되기 때문입니다.

환경이란 인류가 살아가는 데 있어 5감을 통해 느껴지는 모든 것을 말합니다. 나아가 인류에 의해 인위적으로 생겨난 환경도 포함합니다. 손오공이 제아무리 난다 긴다 해도 부처님 손바닥 안에 있듯 인류는 이 우주가 존재하는 한 5감으로 느껴지는 환경을 벗어날 수 없습니다. 그러므로 60억이라는 가공할 만한 사람들이 인류를 이루고 있어서 인간관계에 공적 발현이 필수임은 당연한 이치로 자리잡게 되었습니다.

영국의 과학자 제임스 러브록이 1978년《지구상의 생명을 보는 새로운 관점》이라는 책에서 가이아Gaia이론을 주장한 가설이 있습니다. 가이아는 고대 그리스인들이 대지의 여신을 두고 부른 이름입니다. 지구를 은유적으로 보는 시각에서 착안하여 지구와 지구의 생물과 무생물(대기권, 대양, 토양까지 포함)이 상호작용하면서 스스로 진화하고 변화하는 하나의 생명체이자 유기체임을 강조했습니다.

2002년 월드컵 해를 기점으로 우리 사회에 열풍을 몰고 왔던 웰빙 신드롬, 새로운 문화에 굶주린 나라처럼 온 매스컴과 지자체까지 나서서 웰빙 신드롬을 부추겼던 기억이 생생합니다. 무엇이 그토록 이 사회를 흥분시켰는지 궁금할 따름입니다. 요즘 시대처럼 유행이 왔다가도 빨리 사라지는 현상을 보면 빠른 속도로 움직이는 빛과 그늘 아래에서 허무적 가치를 숭배적 태도로 믿어버리는 '유행소비신드롬현상'이라는 냉소적 단어가 먼저 떠오릅니다. 사실 웰빙이라는 것은 유행한다고 존재하고 그렇지 않다고 존재하지 않는 것이 아닙니다.

웰빙 신드롬은 좀 이해하기가 어려울 정도입니다. 그러나 한 가지 분명한 것은 '웰빙'이라는 단어에서 보여주듯 이것은 어떻게 존재할 것인가에 대한 관심입니다. 어떻게 사느냐의 질문인 질적 환경을 현실적 관점에서 경험하고 그 가치가 무엇인지 한번쯤 생각해보았다는 사실입니다. 한때는 우리말로 직역해서 '잘살기' 정도로 폄하하여 부자들의 소유물인 양 상업적으로 이용하던 기업들이 가격을 상승시키는 부추김 형태로 나타나며 사회괴리 현상을 만들어냈습니다. '잘살기'에는 상당한 사회적 공공성 또한 내포해 있음을 알게 합니다. 이 사회에 신뢰와 공공성이 자리매김하지 못한다면 웰빙이나 잘살기는 존재할 수 없다는 것입니다. '잘산다'는 것이 행복을 전제로 하거나 이웃을 전제로 하지 않는다면 그저 부끄러운 명예일 수 있습니다. '잘산다'는 것은 혼자일 수 없는 상대적 의미를 담고 있기 때문입니다.

1999년 교토 '장래세대를 위한 재단' 주최로 열린 공공철학 세미나에서 밝힌 김지하 선생의 우리 민족이 가지고 있는 아름다운 우주관은 생태적 공공성이나 우주 사회적 공공성으로 대변되는 천지공심 天地公心! 이는 인간의 존재가치를 공공에서 찾아야 한다는 인본적 해석이 디자인하는 내 마음에 큰 울림으로 다가올 줄 몰랐습니다. 이것은 필시 디자인에 국한되는 것이 아니라 국가와 국가, 정치, 사회, 경제 등 모든 분야에서 천지공심의 가이아 현상을 조금만 이해한다면 안 풀릴 일이 무엇이 있겠느냐 하는 반어적 요소를 강력히 내포하고 있는 말입니다.

공공성이라는 것은 우리말로 '더불어'입니다. 그러므로 적용범위가 넓고도 넓습니다. 소위 웰빙시대를 시작하면서 이미 공공성과 상대성에 대한 사회문화적 배경이 적지 않게 의식 속에서나마 자리잡을 수 있었다면 이제 우리는 무엇을 준비해야 하는지요.

이제는 웰룩킹Well Looking입니다. 존재의 다음은 보는 단계입니다. 보이는 것만큼 카타르시스도 존재합니다. 우리가 만들어낸 것을 본다는 것은 그만큼 인류존재의 이유가 되기 때문입니다. 옛날부터 전해오는 '보기 좋은 떡이 맛도 좋다'는 속담이나 '모난 돌이 정 맞는다'는 속담이 주는 내용은 한마디로 '보는 것에 대한 우리민족의 단순한 형태나 색채의식'으로 풀이될 수 있습니다.

우리 역사에서 가장 뛰어난 지도자 가운데 한 사람인 세종대왕은 공공성향이나 디자인 능력이 뛰어난 사람으로 평가할 수 있습니다. 학문하는 사람의 권위나 폐쇄적 전유물이던 한문 대신 누구나 열심히 일주일이면 읽고 쓸 수 있는 한글을 창제했습니다. 한글은 백성과의 공공적 소통수단이자 도구가 되었으며 디지털시대에도 빛을 발하는 모음과 자음의 과학적 조합은 질서의 극치요 아름다움의 대변이라 할 수 있습니다.

지금 우리나라가 디지털강국이 된 배경에는 키보드에서 두 번이나 세 번만 누르면 하나의 글자를 만들어내는 한글이 있습니다. 우리와 달리 최소 6번에서 10번 이상 눌러야 한 글자를 만드는 중국 사람들의 한문사용은 공공성에선 매우 떨어진다 하겠습니다.

아버지는 원나라 사람이며 어머니가 기녀였던 노비출신 장영실을 발탁하여 엄격한 신분질서를 타파하고 상의원별좌尙衣院別座로 임명한 사실만 가지고도 상생과 상대성 그리고 공공적 철학이 얼마나 위대했는지 알 수 있습니다. 장영실과 그의 신하들이 만들어낸 모든 과학적 산물들에 직접 관여하기도 했습니다. 뛰어난 안목은 지금 보아도 아름답다고 할 수 있습니다.

정조의 혜안과 백성 모두를 이롭게 하는 다산 정약용의 실학이 결합해서 나타난 공공성, 수원성과 거중기로 대변되는 축조술과 조형성은 지금뿐 아니라 후대 만대에 행복감을 안겨줄 일입니다. 이것이 공공이며 웰룩킹입니다. 진정한 공공성이란 천지공심에서 비롯됩니다. 천지공심은 지도자의 높은 안목과 노력으로 완성된다는 사실을 알게 하는 대목입니다.

공유와 주인이 동시에 존재하는 공공성, 이것은 어떻게 그 가치를 만들어내고 유지할 수 있는지 생각해볼 필요가 있겠습니다. 멘들러가 말한 적정불일치가정(適正不一致假定, Hypothesis of Moderately Incongruity)의 예를 들어보면 "기존형태의 전형적인 모습과 너무 같거나 너무 틀린 경우보다 적절히 다를 경우 사람들은 가장 호의적으로 받아들인다"는 가설이 있습니다.

공공성은 혁신적, 도발적 모티브를 표방하는 것이 아닙니다. 편리와 안전 및 내구성, 아름다움, 유니버설 모두를 아우르는 가장 보편적이면서 특별함이 내재된 형태와 재료, 색채의 선택이 곧 공공디자인의 진정한 의미라고 할 수 있습니다. 권영걸 교수의 《공공디자인 산책》이라는 책에서 콘텐츠의 구성을 아름다움Aesthetic, 쾌적성Amenity, 조화Harmony, 정체성Identity, 가독성Legibility, 질서Order, 안전Safety, 사용성Usability으로 나누는 것을 보더라도 공공적 요소가 얼마나 다양하게 내재하는지 알 수 있습니다. 이제 우리는 공공성이 상대적으로 더욱 절실히 요구되는 도시공간에서 살고 있습니다.

그러므로 크게는 도시계획, 건축외관의 형태와 재료 및 색채, 경관(다리, 수공간, 수목, 야간조명, 안내표지판, 공원, 공공기관, 파출소, 동사무소), 거리가구(조명대, 벤치, 공중전화박스, 휴지통, 가판대, 펜스), 공사장(가림막, 캐노피, 맨홀뚜껑, 수목보호대, 보도페이빙), 이동요소(버스, 지하철역, 버스승차장) 등이 생활 속에서 시민과 밀접하게 공존하고 있습니다. 이것은 디자인과 정책 및 예산, 추진주체의 의지와 지속적 관심을 게을리하지 않고 조급하거나 단시간 내에 해결하려는 관료적, 정치적

판단이 내재된 치적쯤으로 보지 않는다면 우리도 도시를 변화시킬 수 있습니다. 디자인으로 앞서가는 선진국들을 오히려 능가할 가능성이 분명히 있습니다.

다행히 현재 서울시의 의지와 안목이 현실화되는 과정(디자인 서울과 한강 르네상스프로젝트)을 계획하면서 우리나라 공공디자인의 불씨를 당긴 사건은 세계의 여러 도시를 여행해본 경험을 가진 나로서는 행복하고 감사한 일입니다. 이것은 도미노현상의 기반이 되어 광역시 등 대도시에서도 디자인 전문부서를 만들게 했습니다. 전문가를 채용하여 정책계획 및 추진이 강력하게 일어나고 있습니다. 170여 개의 지자체 등에도 이미 거의 전담부서를 설립하게 하는 성과를 내고 있습니다.

또한 문화체육관광부와 지식경제부, 중소기업청 등 관련 정부부처 역시 활발한 디자인정책을 내놓고 실행하는 사례들을 보고, 놀라운 집중력 하나는 알아주어야 하는 우리 국민성에 비추어볼 때 그 결과는 생각만 해도 기쁠 수밖에 없습니다. 정부가 나서서 전문성을 배경으로 디자인의 질을 여러 단계로 끌어올리는 성과들이 적지 않게 나타나고 있습니다. 지도자나 정책의 올바른 안목이 이렇게 큰 반향을 가져온다는 것을 일깨워주는 일입니다. 이는 전문가의 전문성을 존중하고 실명과 책임을 동시에 줌으로써 얻어지는 예측된 결과임에 분명합니다.

정조가 정약용을, 세종이 장영실을 만난 사건처럼 지도자와 전문가의 궁합은 아름다워 보입니다. 이것은 생각의 공공성이 가시적 공공성으로 발현되는 일입니다. 그러나 최종적으로 평가되는 결과는 어느 정도 세월이 지나고 오직 역사와 시민의 눈과 마음으로 내려지겠지만 지역 정체성을 드러내지 못하는 한계는 아직 우리 의식 속에 건설논리가 더 크게 지배하고 있다는 반증입니다. 일부 시민단체나 환경단체에서 제기하는 환경파괴나 과다계획, 오버센스는 한번 눈여겨볼 사항입니다. 계획이나 환상에 빠져 문제를 발견하지 못한 역사적 사건은 너무도 많기 때문입니다.

장예모 감독과 생산적 컬처파워

최근 우리는 컬처 테크놀러지의 위대한 파워를
가까운 중국에서 보고 있습니다.
이것은 도시가 변하고 국가의식이 변하고
있다는 증거입니다.
이 시대 CT의 표본으로 손색이 없을 정도로
아름다운 계획과 실행의 정수라고 할 수 있습니다.

중국은 문화를 무엇이라 말하는지 궁금합니다. 중국의 문예활동은 인민에 봉사하고 사회주의 건설에 이바지해야 한다는 전제를 담고 있습니다. 사회주의체제 아래에서의 개혁, 개방은 많은 고민이 내재해 있습니다. 제도가 문화를 어느 정도 제어하는 것은 가능합니다. 그러나 문화는 이슬에 옷 젖듯 조금씩 그 사회에 응축될 수밖에 없는 속성이 있습니다.

중국문화에 새로운 모색을 기해야 한다는 자국민들의 목소리가 높습니다. 1983년 정풍운동整風運動을 통해 문화와 예술 활동에서 표현의 자유를 제도화한 것은 자산계급資産階級들과 자유화 사상의 비인민적 사회확대와 오염을 막겠다는 데서 비롯되었지만, 현재는 음악과 미술, 공연 또한 다채롭게 변모하며 확장성을 보여주고 있습니다.

부끄럽지만 우리나라도 70~80년대에 대중음악과 장발 등을 퇴폐문화의 정수로 지정하여 집중단속을 했던 시기도 있습니다. 통기타나 대중음악이 곧 사회를 전복할 것처럼 여겼지만 그런 일은 일어나지 않았습니다. 오히려 젊음의 분출구 내지 소통도구로 쓰이며 문화는 스스로 자정능력을 보이며 발전하게 되었습니다. 바로 요즘 경험하는 한류문화의 열풍도 이와 같은 맥락에서 해석할 수 있겠습니다.

백제의 궁중 상류문화를 접한 일본은 품위문화를 알게 되었고, 일본의 정신문화를 재정립했다는 얘기가 있습니다. 70~80년대 팝음악과 미국, 프랑스발 영화 등 서구 일색의 대중문화가 대한민국을 지배한 적도 있지만, 이제 우리는 대한민국 가수와 음악 그리고 영화를 사랑합니다. 이렇게 된 것은 우리의 문화예술적 저력으로 한국문화를 경쟁력 있는 세계수준으로 끌어올렸기 때문입니다. 남의 것을 추종하는 것이 아니라 우리 것을 상품으로 만드는 자생경쟁력이 바로 절대적 경제가치입니다.

문화라는 것은 시대와 국가를 초월하여 자로 잴 수 없을 만큼 지대한 영향을 미치는 무한한 힘을 지니고 있습니다. 한류니 뭐니 해서 한 시기를 열병처럼 장식한 우리 열정은 인정할 만합니다. 그러나 지속적 대안도 없이 반짝 폈다가 사라지는 우리의 고질적 성급함이나 졸속주의는 다시 생각해보아야 할 문제입니다.

지금 미국이 세계의 미술시장을 좌지우지하는 배경에는 2차 세계대전이 끝난 이후 건축, 회화, 조각, 음악 등 각 분야에 종사하는 예술가들을 독일과 스위스, 헝가리, 중동을 총망라하여 차별없이 자국민으로 받아들였기에 가능했던 것입니다. 미국의 힘은 이제 '문화종속론'이라는 신조어가 만들어질 만큼 문화와 예술로 세계를 지배하고 있는 형국입니다.

IT(Information Technology) 다음은 GT(Green Technology), 그리고 이와 동시에 요구되는 것이 바로 CT(Cultural Technology)입니다.

문화를 선점하면 총으로 싸워 이기는 소모적이며 원시적 방법보다 수백 배의 효과를 얻을 수 있습니다. 문화도 이제는 감성에만 의존하지 않고 철저한 계획과 정책, 기술이 요구되는 실리적 파트로 인식되고 있다는 증거입니다.

문화의 창조와 활용이 수십만 대의 자동차를 수출하여 벌어들이는 효과보다 낫습니다. 이젠 문화의 예술적 가치와 미래를 위해 정진해야 합니다. 남대문을 잃은 문화 무지각을 용서하지 말아야 합니다.

최근 우리는 컬처 테크놀러지의 위대한 파워를 가까운 중국에서 보고 있습니다. 이것은 도시가 변하고 국가의식이 변하고 있다는 증거입니다. 이 시대 CT의 표본으로 손색이 없을 정도로 아름다운 계획과 실행의 정수라고 할 수 있습니다.

중국에는 위대한 장예모 감독이 있습니다. 동양에 부는 문화바람 즉 중류中流 시대를 예견하고 있습니다. 그동안 인민과 사회주의 건설을 이유로 규제해왔던 문화예술에 대한 가능성과 힘을 세계는 장예모 감독의 일련의 작업들을 통해 보고 있습니다.

체제 속에 감추어져 있던 오랜 중국역사와 문화에 대한 축적이 장예모라는 두뇌박스를 통해 결과로 나타나고 있습니다. 그는 사회주의적 통제시스템의 용이성을 이용했습니다. 헝그리정신이 상대적으로 미약한 자본자유주의 나라들이 시도할 수 없는 문화의 재결합으로 경제적 효과를 충분히 발휘했습니다.

그가 가진 영화적 콘텐츠는 인문적 지식과 함께 새롭게 버무려져 나타납니다. 북경올림픽의 개막식과 폐막식에서 운남의 리장麗江, 광서의 계림桂林, 항주의 서호西湖에서 보여준 인상印象시리즈, 산수실경山水實景, 오페라와 뮤지컬입니다. 그 중에서 인상시리즈는 새로운 공연과 연출문화를 보여주는 혁신적 사례라고 할 수 있습니다.

실내무대를 벗어나 한 폭의 산수화 같은 중국의 실경實景 즉 산과 물, 바람, 그 지역 사람도 이용하여 오지 도시의 환경과 문화와 경제를 변모시키고 지역민과 소수민족의 자긍심까지 심어주는 1석 5조의 효과를 얻어냈기 때문입니다. 이것은 뮤지컬과 오페라 연출의 패러다임을 바꾸는 일로서 중국의 명감독 그리고 중국정부의 변화된 의식에서 나온 엄청난 사건임에는 분명합니다.

산수와 설산 밑에 무대를 세우고 전문배우가 아닌 수백 명의 마을 주민을 출연시켜 밤마다 빛과 소리의 향연을 만듭니다. 우리나라의 지자체가 콘텐츠가 없다고 전전긍긍하는 동안 중국과 장예모 감독은 가난한 소수민족 주민을 배우로 만들고 실경세트를 만들어 공연문화를 바꾸어놓은 것입니다.

주민을 배우로 만든다는 것은 단순 역할이라 할지라도 어려운 일입니다. 주민들에게 호응을 얻을 수 있었던 것은 중국 55개 소수민족의 다양한 문화와 전설을 소재로 뮤지컬과 오페라를 계획했기 때문이기도 합니다. 명장의 지혜가 각별히 엿보이는 대목이 아닐 수 없습니다. 장예모 감독뿐 아니라 왕조가, 판웨 등 기술과 조명 차원에서도 최고의 열정적 전문가의 생각과 손이 필요했습니다.

이 도시들은 세계에서 몰려드는 관광객 덕분에 행복한 고민에 빠져 있습니다. 호텔공급이 수요에 못 미치고 도시통제의 새로운 방법을 고안해내야 하기 때문입니다. 당연히 도시 전체에 미치는 수익효과는 인상공연 이전에 비해 적게는 3배 많게는 10배 이상 커졌다는 기록적 변화에 세계가 놀랐습니다.

문화의 힘은 이렇게 굴뚝을 세우지 않고도 이루어집니다. 과연 그의 연출 덕분에 중국뿐 아니라 전 세계에 얼마만큼의 확장성을 가질 수 있을지는 아직 아무도 모를 일입니다. 그러나 한 시대를 앞질러가는 그의 문화적 위력은 천재 영화감독에서 천재 연출가로 거듭나는 일임에는 틀림없어 보입니다.

천재연출가의 작품을 감상하면서 부러워만 할 게 아니라 우리 것을 생산해내는 CT에 집중한다면 우리 민족의 위대한 문화적 중첩성이 생산적으로 재탄생될 것입니다.

우리 가슴에는 세계인이 놀랄 만한 열정과 집중성이 늘 웅크리고 있습니다. 우리에게도 숨은 천재는 얼마든지 있습니다. 발굴하고 칭찬하는 문화를 못 갖춘 탓에 나타나지 않고 있는지 모를 일입니다. 혹 천재는 생각이 남다른 지도자가 만들지도 모른다는 생각이 떠나지 않는 이유는 무엇일까요.

집, 아버지, 도시적 추억

어느 날 나도 모르게 아버지가 되고
집의 어른이 되어 있었습니다.
집이 어떻게 이렇게 가벼워지고 있는지!
왜 이렇게 모든 것이
바로 결과를 보여줘야만 하는 시대가 되었는지!
여전히 하늘은 크고 여전히 때가 되면
철새들이 찾아오고 계절은 여지없이
시간을 따라 되돌아오는데 말입니다.

나는 여성화되어가는 아파트를 생각해본 적 있습니다. 남성적 기개와 확장성을 느끼기에는 상대적으로 다소 여성화되어 있는 아파트가 있습니다. 음양의 균형을 운운하지 않더라도 그 평형대별로 평면배치도를 보면 아파트이름만 다를 뿐 대동소이하다는 것을 쉽게 느낄 수 있습니다.

여성상위 신드롬이 80년 이후 가전제품 공급과 때를 같이하여 일어나면서 아파트 공간이 도시패턴과 함께 급속도로 여성화되었습니다. 자본주의를 택한 나라라면 어느 곳이나 집요하게 여성의 소비벽을 공략하는 성장패턴을 쉽게 도입합니다.

당연히 여성성이 더 크게 부각되었고 남성의 자리와 아버지의 자리는 집이 아니라 일터가 되었습니다. 아파트의 거실중앙은 아버지 대신 TV가 앉아 있고, 집을 비운 아버지의 시간은 주부를 대상으로 한 TV의 일방적 마케팅이 효과를 발휘하게 되었습니다.

어린아이가 있는 집은 어린아이가 주인이고 수험생이 있는 집은 수험생이 주인인 이 시대 아파트의 풍속적 풍경을 보게 됩니다. 일터에서 돌아와 초인종을 누르고 어두운 발코니에서 말없이 담뱃불을 밝히는 이 시대 아버지의 초상입니다. 근육을 사용하지 않는 남자와 아버지의 사회학적 풍경이 되었습니다.

집은 아버지와 아버지의 아버지, 이렇게 역사가 겹겹이 쌓여 정신을 만들고 문화를 만듭니다. 자손에게 삶의 지표가 되고 존경과 예를 체험하는 인간냄새 나는 최소한의 사회단위입니다.

집의 정체성을 한마디로 어떻게 표현할 수 있을까, 생각이 잘 떠오르지 않습니다. 그래도 무지한 소치로 한마디 정의한다면, 스피드와 경제논리로 내몰려져 집문화와 정신을 추스를 수 없는 혼미상태의 위험을 안고 사는 아슬아슬한 우리 현재의 집문화를 '비탈 집'이라 감히 말하고 싶습니다. 산업이라고 하는 괴물과 디지털이라고 하는 바이러스가 가정 내에서 세대를 구분짓고 오직 생산능력으로만 평가되는 이 사회의 잣대가 집을 이야기하고 있는 것이지요.

아버지의 호연浩然함과 어울리지 않는 작은 아파트 거실에 휠체어를 두고 사는 아버지, 어느 날 정신의 흐림과 거동 난조로 요양원 침대에서 쓸쓸히 떠나신 아버지를 보며 이 시대 집의 의미는 무엇인지 다시 한 번 생각해봅니다.

근대의 집은 핵가족화되어 역사와 내력 그리고 집안이 갖는 철학을 보전하기가 어렵게 되었습니다. 환금성換金性과 재테크로 분리되어야만 했던 우리집의 초상 앞에 건설과 성장일변도의 국가정책과 맞물려 숭고한 가치를 상실했기 때문입니다.

과거 우리의 대청마루였던 지금의 거실이 커져만 가는 TV가 가부좌跏趺坐를 틀고앉은 형세의 풍경을 만들어냈습니다. 경제논리로만 정의되는 이 시대 아버지, 어머니의 힘없는 뒷모습만이 존재하는 거실을 생각해봅니다.

핵가족시대 이전, 여러 대를 거슬러 내려오면서 쌓인 가족의 정신적 산물과 계승, 그로 인한 삶의 흔적과 향기를 언제나 쉽게 곁에서 볼 수 있었습니다. 겹겹이 쌓인 그 무엇들에 의해 우리는 아버지와 할아버지 그리고 그 조상에 대한 지혜와 역사를 자연스럽게 알아냈습니다. 그렇게 쌓이는 느낌으로 집이라는 작은 사회를 자연스럽게 흡수함으로써 보다 큰 사회에 대한 질서를 깨달았을 터인 집.

서랍 속에서 우연히 발견한 아버지의 젊고 멋진 시절의 빛바랜 사진들, 모조지 편지봉투에 꼬깃꼬깃 접어 눌려진 집문서, 어머니의 옷장에서 발견된 오래된 분곽, 아직도 버리지 않으신 아버지의 군번줄, 암담했던 시절 눈물로 쓰신 거름종이 일기장…….

그렇게 세월을 정면으로 맞으며 가족을 곧게 세워 오셨던, 이제는 세상을 떠난 어머니와 아버지를 생각하면 눈시울이 뜨거워지는 것은 집이 문화와 역사를 간직하고 살려냄을 담아내는 그릇이기 때문입니다.

적은 말수와 스치는 뒷모습만으로 크게 가르치셨던 아버지의 자식 교육법이 있었습니다. 세월을 같이한 뒤늦은 깨달음으로 감동적 사랑을 발견하게 되는 386세대인 나도 그 시대 한 사람으로 나이가 들어 갑니다.

어느 날 나도 모르게 아버지가 되고 집의 어른이 되어 있습니다. 집이 어떻게 이렇게 가벼워지고 있는지! 왜 이렇게 모든 것이 바로 결과를 보여줘야만 하는 시대가 되었는지! 여전히 하늘은 크고 여전히 때가 되면 철새들이 찾아오고 계절은 여지없이 시간을 따라 되돌아오는데 말입니다.

지금 내가 아버지와 다른 모습으로 이 시대에 맞서 서 있는 것이 아니라 어쩌면 이렇게 아버지와 같은 모습으로 서 있는지 스스로 놀라움을 느낍니다.

19세기 말 최고의 인텔리겐차인 해월海月 최시형崔時亨 선생이 생각납니다. 동학혁명 시기에 "백성이 곧 하늘이니 하늘인 백성을 향하여 제를 하라"는 향아설위向我設位의 가르침이 있었습니다. 해월 선생이 손병희孫秉熙 선생에게 물었습니다.

봉사지시 향벽설위가호 향아설위가호
(奉祀之時 向壁設位可乎 向我設位可乎)
제사 지낼 때에 벽을 향하여 위를 베푸는 것이 옳습니까?
나를 향하여 위를 베푸는 것이 옳습니까?

이에 손병희 선생이 답하였습니다.

향아설위가야
(向我設位可也)
나를 향하여 베푸는 것이 옳다.

집은 최소한의 사회적 단위입니다. 아버지의 역사 그리고 꿈과 희망을 만드는 드림 팩토리입니다. 백성이 하늘이면 집은 건강한 사회를 만들어내는 땅이겠지요. 그곳에 아름다운 씨앗을 심고 기르는 집이어야 한다는 생각을 해봅니다. 우선 나부터 허상인 텔레비전을 향하는 것이 아니라 가족을 향해 고개를 돌리고 진정으로 눈을 맞추어보는 작은 행복으로 출발하는 아버지로 살아보려고 합니다. 집이 보이는 향아설정向我設廷으로 살겠습니다.

바로 우리가 한순간도 잊지 않고 사는, 넓은 인간사에 담긴 많은 증거물을 담는 우리집. 사회의 최소단위인 집에는 아버지와 어머니의 역사가 있고 할아버지 그리고 그 위의 선조의 지혜가 있습니다. 과거를 발판으로 오늘을 지혜롭게 하여 미래를 예견해내는 유대민족의 철학이 학교가 아닌 집에서 이루어졌다는 사실을 보더라도 집은 최소한의 사회적 박물관이 아닐 수 없습니다.

늘 일만 하는 아버지의 기억만 존재하는 게 아니라 그 집안을 곧추세우기 위해 땀흘렸던 지혜와 흔적이 있는 거실, 음을 업고 양을 안아서 신구세대의 조화를 만들어가는 상생의 거실에 아름다운 가족박물관이 있어야 합니다. 비탈로 가는 이 시대 허무를 상생의 내실로 바꿔야 합니다. 집과 거실을 재인식하여 기와 철학을 가다듬는 가족박물관을 설계하고 싶습니다.

치유를 기다리는 도시

자연의 질서는 음양의 도와 같아서
무거우면 줄이고 높으면 낮추어가는
끝없는 리모델링을 쉬지 않습니다.
우리는 뒤로만 밀쳐놓아
엄두가 나지 않는
무늬만 똑똑한 인간임을 자인했습니다.
늦었지만 한 부위 한 부위
스스로 도려내는
책임과 고통을 감수해야만 합니다.

"자연은 남는 것을 줄여서 부족한 것에 보충한다(天之道 損有餘而補不足)"는 노자의 자연철학과 "소나무와 대나무는 차가운 겨울을 견디어 군자대열에 있다(松竹耐寒冬)"는 서예대전에 늘 즐겨 인용되는 아름다운 시적 표현을 기억합니다. 평범한 진리이지만 옛 선인들은 인간의 삶과 자연현상을 중의적이거나 불이일체不二一體적 몰입에 주저하지 않았습니다. 자연의 눈높이와 속도에 맞추어 익숙하게 느림을 사고했다는 이야기를 보여주고 있습니다.

노자는 《덕경德經》에 곡무이영 장공갈 만물무이생 장공멸(谷無以盈 將恐竭 萬物無以生 將恐滅)이라 쓰고 있는데 이것을 다음과 같이 풀이하고 있습니다.

물이 흐를 수 있는 여유공간이 없다면 그 계곡은 말라버릴 것이며
생장하기 위한 여유가 없다면 생성발전은 정지된다.

2300년 전 노자의 눈으로 본 자연의 이치입니다. 인간의 덕을 가르치는 데 이만한 예시 이상을 발견하지 못했습니다. 결국 인간이 가진 고정된 우매함과 교만을 정화하고 자연섭리를 저버리지 않는 상생관계로 가는 길을 노자는 《덕경》을 통해 일러주고 있습니다.

요즘 '개발'과 '보전'이란 단어를 떠올리면서 이 시대의 개발이 주는 경제적 제공과 보전이 주는 풍부한 인본적 가치가 지닌 커다란 모순을 발견합니다. 개발의 권력을 가진 자본과 행정은 경제적 배경을 통해 인간의 삶과 질적인 성장을 역설할 것이고, 그에 반대하는 보존편에 선 사람들은 무엇이 진정한 인본적 처사인지 주장하며 적지 않은 목소리를 가지고 있습니다.

인간이 앞만 보는 눈을 가진 동물이었다면 옆과 뒤도 볼 수 있는 동

물로 진화해가는 과정에 있습니다. 2002년 봄부터 불기 시작한 웰빙 Well-Being, 웰룩킹Well-Looking 신드롬이 이를 말해주고 있고 사회적, 경제적, 문화적 영향은 숫자로 기록하기 어려울 만큼 커지고 있습니다.

이제 개발이 능사는 아니라는 의식이 상대적으로 높아가고 있으며 인간은 좋은 존재를 보고 즐길 권리를 지니고 있음을 반증하고 있는 사례이기도 합니다. 그러나 개발이 없을 수 없고 보전 또한 없을 수 없습니다. 국민소득 5천 달러 이하의 시대에서는 하드웨어 중심의 외형적 개발이 중심이었다면, 1만 달러 이상 되는 이 시대의 개발논리는 소프트웨어 중심의 인간적, 환경적 개발이 되어야 한다는 데 누구 하나 반대할 소지가 없습니다.

19세기 말 공예운동가이자 바우하우스 멤버인 윌리암 모리스 William Morris는 100여 년 전에 개발로만 치닫던 당시 사회현상을 다음과 같이 예리한 눈으로 지적하고 있습니다.

> 겉모습이 흉측한 물질적 번영이 황금이라면
> 우리는 황금 속에 파묻혀 굶주리고 있다.

모리스의 지적 이후로 많은 시간이 흐른 지금도 인간은 여전히 경제와 다수의 번영이라는 기치로 물질적 배부름을 위해 무서운 질주를 멈추지 않고 있습니다. 자연의 질서는 끝없이 스스로 행하는 리모델링의 결과입니다. 스스로 자自, 그러할 연然의 자연은 스스로 그러했습니다. 그러나 지금은 상황이 달라졌습니다. 스스로 그러함을 놓아가고 있다는 생각을 지울 수가 없습니다.

이제 자연은 중증 폐암과 피부암에 걸려 있고 인간을 향해 무서운

역습을 감행하고 있습니다. 어제오늘의 이야기가 아니라 이미 수십 년 전부터 예고됐던 아주 평범한 볼거리가 된 지 오래입니다.

인간의 자연치유 의지는 인간이 자연에 대해 최소한 용서를 구하는 정도의 행위이고, 자연의 질서를 배우는 초등학교 저학년 수준의 도덕과목 같은 필수선택과목이 되고 말았습니다. 황금 속에 파묻혀 굶주려가는 이 시대 사람들. 물질로 병든 정신과 도덕, 정치, 사회, 경제, 교육, 환경, 건축과 디자인, 세계질서 등 무엇 하나 메스를 대지 않을 수 없게 되었습니다.

사람은 병들면 병원에 갑니다. 원인을 찾아내고 처방을 통해 치료행위로 이어집니다. 원인과 처방을 내려놓고도 당장 물질이 아쉬워 치료라는 행동을 발동시키지 못한다면 그 결과는 상상하지 않아도 쉽게 결론이 날 일입니다.

한 곳에 고여 부식된 정치, 양보나 공존 시스템보다는 이기주의로 치닫는 사회, 인류대 병으로 망가지며 덕이 제외된 지식채우기와 스펙만 다듬고 있는 제도권 교육현장, 물질만능의 결과물들로 가득 찬 도시환경과 건축물들, 디자인이라는 명분으로 도배되어 있는 자극적인 색채와 입체물들……. 이 모두는 도시의 슬픈 점유물임에 분명합니다.

인간의 무모한 실험으로 자행되고 파괴된 자연, 이 지구에 드리워진 병의 원인도 처방도 이미 100년 전에 내려졌습니다. 이젠 더더욱 발길이 바쁘고 답답합니다.

자연의 질서는 음양의 도와 같아 무거우면 줄이고 높으면 스스로 낮추어 조절하며 쉼없이 리모델링을 합니다. 우리는 이러한 자연문제를 뒤로 밀쳐놓기만 할 뿐 엄두도 내지 못하는 무늬만 똑똑한 인간임을 자인했습니다. 늦었지만 자연 곳곳을 도려낸 흔적에 대해 책임을 감수해야 합니다. 이 사회 어느 곳 하나 온전하지 않다면 우리 미래는 리모델링이라는 수술방법을 채택할 수밖에 없습니다. 이 사회의 도시 건축가들이 주저함없이 행동에 옮겨야 할 때가 온 것입니다. 사회를 리모델링하기 위해 메스를 가할 태세를 갖추어야 함을 주장하고 싶습니다.

서울시가 독일식 빗물세Rain Tax를 도입하겠다고 나섰습니다. 지표면으로 비가 흡수되지 않는 불투수不透水 면적에 비례해 요금을 부과하는 것을 말하는데, 빗물 투수면적이 넓으면 그만큼 하수도로 흘러드는 우수雨水에 대한 요금을 덜 매기겠다는 것입니다. 서울시가 고려하고 있는 독일식 빗물세는 독일이 2000년부터 적용하고 있는 도시환경 관련 특수세로 상수도 사용량에 따라 부과하는 요금에 불투수 면적에 따른 차등세를 부과하겠다는 뜻입니다.

이미 서울시는 그러한 도시복개건설본위 정책으로 일관해오면서 약 50퍼센트 불투수면적을 확보했습니다. 이제 와서 빗물세를 물리겠다는 조치는 쉽게 납득이 가지 않습니다. 그러나 지나간 아픈 과거를 탓할 시간이 없고 누구를 지목해서 책임을 물을 방도도 없는 상황에서 반대를 위한 반대만을 할 수도 없는 실정입니다.

저지대와 한강으로 흘러들어가는 빗물은 물부족 국가로 분류되고 있는 우리에게 큰 자원입니다. 투수는 지구에 생명을 보태는 일이고 스펀지처럼 물을 흡수했다가 여지없이 되돌려주는 지구의 정직함을 알고 있다면 손해날 장사는 아닌 듯합니다. 오히려 일정규모의 건축 행위에 의무적으로 물탱크 구축을 명시해야 할 시점인 것처럼 이제 도시에서 물 보관과 흡수에 대한 시설을 갖추는 것은 필수가 되었습니다. 이같은 서울시의 조치는 망각하고 살았던 환경자원에 대한 인식의 전환점을 보여주는 사례로 칭찬할 일이지만 모든 것을 세금으로 조치하려는 관료적 접근은 여전히 아쉬움이 남습니다.

개발로 대변되는 건설교통부와 보전으로 상징되는 환경부 두 부처가 끝없는 갈등구조 속에서 처음으로 부처간에 고위급 협의정례화를 마련했다는 신문기사를 본 적 있습니다. 건설이 환경에 미치는 영향을 최소화하기 위해 공동으로 '친환경영향평가방안'을 마련했다는 소식, 건교부 수자원국과 환경부 상·하수도국이 '물관리정책협의체'를 만들었다는 소식은 상생의 길이 무엇인지 잘 보여주고 있습니다. 노자의 덕경을 떠올리게 하는 어떻든 기분 좋은 일임에 틀림없습니다.

개발의 상징이던 30년 숙제인 흉측한 청계고가가 내려지고 청계천 뚜껑이 열리며 공간적 시간적 불편을 성숙하게 감수해낸 행동가치는 두고두고 아름다워 보입니다.

흔적을 파는 도시들

박물관을 보면
그 나라의 문화에 대한
관심과 척도를 알 수 있습니다.
90년대 이후 우리 대한민국은
국민소득 1만 달러 소득과 맞물려
경제적 성장세는 계속됐으나
문화의 질적 성장은 상대적으로
동반되지 못했습니다.

박물관 하면 흔히 떠오르는 단어들이 있습니다. 박제스럽다, 고루하다, 너무 교육적 현안에 맞추어져 있다, 두 번 가지 않는다, 숙제하러 간다…… 등입니다. 그러한 인식의 배경에는 정치적이거나 사회, 문화적 책임도 있겠지만 가난했던 우리 민족에게 박물관이 조금은 사치였을 수도 있었을 것입니다.

파리의 루브르박물관, 베를린의 유대박물관, 런던의 자연사박물관과 과학박물관, 샌프란시스코의 익스프로네타리움 등은 한 나라의 유적을 담고 있듯 도도히 자리잡고 서 있습니다. 디자이너로서 타국의 박물관을 둘러보며 부럽기도 하고 더러 반성도 합니다. 문화적 가치와 경제적 가치는 비례한다는 사실이 입증되고 있음을 직접 눈으로 확인하면서 머릿속에 만사가 교차되어 돌아오곤 했습니다.

나폴레옹시대부터 무력으로 타국가를 섭렵하면서 들고 온 전리품을 모아다가 장사꾼 기질을 발휘하여 비싼 값을 지불하고 이를 세계의 방문객들에게 비싼 값에 보여주는 프랑스 상술과 반대로, 세계대전을 일으켜 600만 유대인을 학살하거나 학대한 독일이 베를린 한가운데 버젓이 유대박물관을 세워 관광객을 끌어들이는 일은 참으로 아이러니합니다.

박물관이 뭐길래 도심 한가운데 버티고 서서 그 힘을 발휘하며 군림하고 있는 것일까 생각해봅니다. 박물관(Museum)은 고대 그리스신화의 문예, 미술, 철학의 여신 'Muse'에게 바치는 신전이라는 'Museion'에서 근거합니다. 조각 및 회화 등의 조형예술뿐 아니라 신전에서의 활동이 되는 역사, 철학, 공연예술까지 포함하여 보존하고 기록하는 역할을 했습니다.

박물관이 제 기능과 역할을 적극적으로 발휘하기 시작한 시기는 3세기경입니다. 이집트에서 최초로 수집품, 조각상, 미술품, 서적 기타 특별한 동물까지 모아 'Museion'이라고 이름 붙였습니다. 이후 질적 양적으로 발전하며 비약적으로 성장했습니다. 박물관헌장에는 다음과 같이 쓰여 있습니다.

> 박물관은 인간, 환경의 물질적인 증거를 수집, 보존, 연구하여
> 전시라는 행위를 통해 교육, 과학에 이바지하는 비영리적이고
> 항구적인 시설을 말한다.

그러나 고전적 기원과 비교해보면 철학원과 사색의 장소로 사용되었다는 근거 외에는 그렇게 큰 차이가 없어 보입니다. 다만 그 기능적 정의 속에 우리가 일반적으로 이해하고 있는 박물관과 지금의 박물관에 다른 점이 있음을 느낄 수 있습니다. 미술, 과학, 고고, 민속 이외에도 식물원, 동물원, 수족관, 자연보호지구, 과학센터, 천문관, 생태원, 표본전시관 등 사회 전반에 걸쳐 포함되지 않은 산업분야가 없을 만큼 그 범위가 실로 넓다는 것을 알면 놀라지 않을 수 없습니다.

현재의 박물관은 모으고 연구하여 보여주는 데 그치는 게 아니라 관광, 오락까지도 포함하여 그 기능과 역할이 매우 다양해졌습니다. 급변하는 사회현상의 일환이기도 하지만 구체적으로는 소비자, 문화 소구자, 관람자의 다양한 욕구를 충족시켜줄 수밖에 없는 다양성 시대에 살고 있기 때문입니다.

박물관으로 형성되는 산업구조가 매우 크고 넓어질 수밖에 없습니다. 디자인, 공연문화 및 이벤트, 보존과학, 조명, 건축, 모델, 음향, 영상, 기계 등의 일반적 부분에서 하드웨어, 소프트웨어, 시나리오 등 다양한 특수매체 분야에 이르기까지 확대되었습니다. 약 30여 개의 학문과 기술이 총체적으로 요구되고 있다고 볼 수 있습니다. 그렇다

면 당연히 그에 필요한 전문인들의 수요가 늘어나고 직, 간접적인 교육시스템도 더불어 요구됩니다. 우리 현실은 아직 그러한 여러 수요를 감당해내지 못하고 있습니다.

국내의 박물관, 전시역사가 그리 길지 않은 탓에 체계적인 교육이나 훈련시스템이 잘 전개되고 있다고 볼 수 없습니다. 그에 비해 OECD국가 중 국민소득 2만 달러에서 5만 달러에 이르는 일본과 미국을 위시한 외국의 박물관 인프라는 우리의 상상을 뛰어넘을 정도로 전문화되어 있습니다.

박물관과 전시관의 숫자와 질은 국가의 파워를 대변하는 잣대로 보는 경향이 두드러지고 있습니다. 인구 10만 명당 박물관 수가 국·공립과 사립, 대학박물관을 합하여 미국 1.71개, 프랑스 2.22개, 독일 4.93개, 폴란드 1.43개, 일본 2.59개, 한국은 폴란드의 반 수준인 0.46개로 나타난 것을 보면 인구비례를 감안하더라도 참 적은 숫자입니다. 그 민족과 나라의 자부심으로 이어지고 닥쳐올 미래를 예측해내는 자료로서의 박물관은 이제 더 큰 의미로 존재해 있다고 봐야 합니다.

박물관을 보면 그 나라의 문화에 대한 관심과 척도를 알 수 있습니다. 90년대 이후 우리 대한민국은 국민소득 1만 달러 소득과 맞물려 경제적 성장세는 계속됐으나 문화의 질적 성장은 상대적으로 동반되지 못했습니다. 지방자치제가 시작되면서 치적사업으로 매우 용이한 문화코드를 선택했습니다. 박물관이나 기념관 및 공인받지 못한 지역 박람회들이 동원됐습니다. 각 지방의 정체성 찾기와 경제활성화 일환으로 양적 팽창은 괄목할 만하게 변화를 가져왔습니다. 그러나 문화의 지속성이나 질적 축적은 성과가 미미하여 매우 적은 점수를 주고 싶습니다. 한마디로 모두 다 급조된 듯 무엇엔가 쫓기듯 일들을 해치운 흔적이 그 안에 분명 담겨 있기 때문입니다.

산업전시 또한 유럽에서 발생했습니다. 1798년 제1회 산업박람회(파리)로 시작하여 1851년 런던박람회는 세계 최초의 견본시로서 수공업에서 기계공업으로의 전환시대에 일어나는 일종의 전시회를 방불케 했습니다. 이는 박물관이라 일컫는 분야말고도 그러한 전시기법을 활용한 박람회와 전시회가 국가적 교류와 물류의 흐름을 예시하는 새 시장의 도구로 탄생한 것입니다. 이는 지금의 전시회나 엑스포의 효시가 되었고 그야말로 산업사회로 가는 르네상스의 틀이 되었던 것입니다.

우리나라 전시공간과 박물관의 시장규모가 기업, 정부, 지자체 모두 포함하여 1년에 약 5조에서 10조 원에 이르렀습니다. 이는 건축을 포함한 공간디자인 시장 전체의 10퍼센트에 해당하지만, 엄연히 국내산업의 크나큰 환경을 차지하게 되었고 1993년 대전엑스포를 계기로 매년 가파른 성장률을 보여 왔습니다.

이러한 환경은 일본의 20~30년 전의 괄목할 만한 경제성장과 궤를 같이하여 발전했던 문화산업에 대한 정부의 의지, 가정경제의 성장으로 국민의 문화환경에 대한 질적 요구, 콜렉션에 대한 개념이 일반화되면서 그 속도가 가속화되었던 현상과 흡사한 모습입니다.

그러므로 소기업의 쇼룸에서부터 대기업의 홍보관 그리고 관공서 즉 지방자치제의 상징적 프로젝트로 나타나게 됩니다. 크게는 수억에서 수백억까지 투자규모와 전시영역은 날로 전문화, 대형화 되어가고 있습니다. 그에 따라 관련 기업과 디자이너 기타 전문가들이 늘 관심의 초점이 되고 있습니다.

90년 중반 이후 지방분권화를 실행하는 지방자치시대에 발맞춰 지역 주체성(Identity) 찾기에 많은 노력을 하고 있고 심지어는 지자체끼리 캐릭터 싸움까지 벌일 정도입니다. 도시는 독특한 흔적들의 창고 이며 살아 움직이는 추억이라고 말할 수 있습니다. 그러므로 그것들은 도시의 매력요소가 되고 가치로 나타납니다. 도시의 경쟁력이며 강력한 차별적 무기입니다. 우리도 이제 흔적과 컬렉션을 팔아야 합니다.

지금은 조금 늦었지만 가까운 미래에 다시 뒤돌아보면 미소를 머금게 될 좋은 본보기가 우리에게 있다고 믿습니다. 흔적과 시간은 곧 미래의 거울이기 때문입니다.

정직하고 논리적인 작은 제안으로 시작된 프로젝트가
시민과 관계기관의 관심을 얻어야 하며 모두 하나되어야
한다는 진리입니다. 미래를 내다보고 집안·건의하며,
지속 가능한 프로젝트에 모두의 목소리와 에너지를 모으고,
그것들이 현실화되도록 지켜나가는 초석이 되는 디자이너에게
소비자나 국민은 스스럼없이 '인텔리겐차'라는 또 다른
이름을 붙여줄 것이라 믿어봅니다.

제3장

디자인의 사회이슈

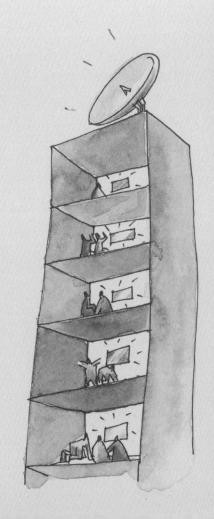

위험에 빠진 교회건축

사람들을 긍휼히 여기고 가슴으로 인도하여
어두움을 밝혀주고 빛이 되어주는
종교인들은 많습니다.
그러나 이 사회에 비춰진 교회는
그들의 노력과 희생을 덮어버리고 남을 만큼의
악재 때문에 위태로워 보입니다.

우리나라 도시의 밤에 나타나는 붉은 아이콘이 어느 날 눈에 크게 들어왔습니다. 네온 십자가들입니다. 우리의 야간 스카이라인을 만들어내는 새로운 풍경을 제공해주고 있습니다. 십자가의 숫자만큼 교회가 존재하고 교회의 숫자만큼 사회를 지탱해주는 빛이 있었으면 하는 기대를 해봅니다.

우리나라 개신교 선교사 2만여 명이 2백여 개국에 파견되어 선교하는 기록적인 현상을 보며 한국의 교회에 기대해야 할지 우려해야 할지 약간 고민이 생겼습니다. 사실 나도 크리스천이기 때문입니다.

몇 해 전 아프가니스탄의 선교단 23명 피랍사건으로 국가와 국민에게 안타까움을 주었던 기억이 아직도 생생합니다. 미국 다음으로 큰 해외선교 파견국가인 한국교회들의 열정과 의지는 참으로 존경받아야 할 일입니다. 교회의 선교는 교회역사에서 진정한 가치이고 존재의 이유가 되는 아름다운 사역이기 때문입니다. 그러나 그 팽창만큼의 질적 가치를 채우는 데는 다소 소홀해 보입니다.

이제 교회는 교단만의 문제가 아닙니다. 남한 인구의 25퍼센트 이상이 기독교인이고 사회구성원 밀집도에서 중요한 위치를 차지하고 있기 때문입니다. 교회는 인간의 존엄성을 확인하고 모두가 하나님 앞에 평등한 가치를 나누는 안식사회의 또 다른 이름입니다.

언제부턴가 이 도시에 하나의 큰 영향력을 가지고 규모화, 조직화, 집단화, 구획화 현상으로 나타나는 교회의 가시적 형태와 비가시적 행위들이 위험해 보이는 것은 디자이너로서나 크리스천으로서 안타까운 일입니다.

진정으로 하나님의 의를 구현하고 선포하는 목회를 감당해내는 지도자와 교인들 또한 수를 헤아리지 못할 정도로 많다는 것을 압니다. 그러나 그렇지 못한 무례한 사례들 때문에 교회 전체에 질문을 던지고 있습니다. 도시공간 밀집도에서 나타나는 피로도를 경험하고 접하면서 많은 판단을 요구받고 있는 사회의 목소리에 교회는 귀를 기울여야 합니다. 그 중의 하나가 바로 교회건축입니다.

일부 자본과 팽창에 기울어진 교회, 내면의 솔직한 표출과 얼굴이 되는 교회건축! 길을 잃은 이 시대 사람들을 보듬기보다는 교인과 비교인의 단절표상이 되고 치졸한 화려함에 치우친 교회건축의 초상은 가히 실망스럽기 그지없습니다.

오히려 기독교의 초기 본산지였던 유럽을 여행하다 보면 참 아름다운 건축물을 쉽게 볼 수 있습니다. 이것은 규모나 화려함으로 변질되어 가는 우리 교회들과 비교됩니다.

건축은 재료, 형태, 색채, 조명에 있어서 보통 그 민족의 역사와 문화배경이 직간접적으로 스며듭니다. 에스닉Ethnic이나 버내큘러Vernacular 현상으로 주변환경에서 많이 생산되는 재료를 주로 사용할 것이고 그 시대문화가 교회의 건축양식으로 작용할 것입니다. 그런데 교회 건축물들이 우리가 기대하는 시대정신을 담은 건축물과 매우 다르게 보이는 이유는 나만의 기우인지 조금은 혼란스럽습니다.

저녁예배 시간을 알리던 교회종소리는 꼭 교인이 아니더라도 내면을 성찰하는 자숙의 시간을 주었습니다. 크리스마스카드에 당연히 그려지는 언덕 위의 아름다운 작고 하얀 교회는 60~80년대를 살아온 사람들이라면 누구나 다 가진 고향의 그림 같은 아련한 추억일 것입니다. 90년대 들어와 교회는 규모와 높이, 화려한 외형이 주야晝夜 할 것 없이 건조하게 변질되기 시작했습니다.

경제는 하루가 멀다 하게 발전하고 도시는 더욱 집중화되면서 과거 우리에게 보여준 개척교회의 인간적 아련한 쓸쓸함이나 그림처럼 자리한 교회의 형태와는 달리 지하는 룸살롱, 1층은 식당, 2층은 학원,

3층은 교회가 자리잡은 복합건물들이 도시를 점령하면서 아름다운 그림은 머리에서 지워졌습니다.

이런 현상은 경제발전과 인구집중화의 영향으로 교단이 늘어나고 기존 교회의 교세확장에 힘입어 초래된 결과라고 할 수 있겠지요. 교회가 크고 화려하면 교인숫자에 영향이 있다는 연구논문처럼 교회는 경제나 자본가치에 의지할 수밖에 없는 나약한 토양이 되었음을 반증하는 것이기에 안타깝습니다. 교회의 규모가 크고 화려하면 그 책임 또한 크다고 할 수 있습니다.

MB정부 교체과정에서 보여준 KS로 불리는 사회 냉소거리, 즉 K대와 S교회의 인맥구성은 전인적 지도자의 모습을 보여주지 못한 실망 그 자체입니다. 이것은 또한 잘나가는 사람이 모이는 교회가 따로 있다는 사회의 비아냥을 만들었습니다. 교회의 규모나 교회건축물의 형태로 나타난 상생적 문화이반에 대한 불만요소가 표출된 하나의 씁쓸한 사건입니다.

이제 상생과 소통의 교회가 그리워지는 시대에 살고 있습니다. 중세 말기에 인문학자들이 교회의 부정과 부패를 비판했고 마틴 루터가 95개조에 달하는 반박문을 내걸었습니다. 분열이라는 평도 있었지만 로마가톨릭의 유럽 지배종식의 기점이 되었던 것처럼 중세의 신비주의적 경건으로 중세교회의 부정과 인위적인 형태를 벗어났다는 데서 그 의미는 매우 컸을 일입니다. 이 사건 이후로 가톨릭 또한 자성하며 정비되었고 그 의미는 이 시대에도 많은 가르침을 주고 있습니다.

사람들을 긍휼히 여기고 가슴으로 인도하여 어두움을 밝혀주고 빛이 되어주는 종교인들은 많습니다. 그러나 이 사회에 비춰진 교회는 그들의 노력과 희생을 덮어버리고 남을 만큼의 악재 때문에 위태로워 보입니다. 냉정한 사회구조 속에서는 부정적 현상이 항상 먼저 보이기 때문에 더 그렇습니다. 바쁘게만 달려온 우리 교회의 모습을 돌이켜보고 새로운 교회문화를 만드는 데 지도자들의 경건한 혁명이 필요한 때라고 봅니다.

이 시대 교회가 혹시 무모한 바벨탑을 쌓아올리고 있지는 않은지, 규모나 화려함이 하나님의 손끝 가깝게 맞닿을 거라는 사단의 생각에 지배되고 있지는 않은지요. 인간의 자유의지만 고집하다가 지쳐 돌아온 아들 탕자를 보듬어 눈물흘리던 아버지의 기다림처럼 사랑과 절망을 나누는 교회가 되기를 바랍니다. 범접할 수 없는 권위의 교회가 아닌 따뜻하고 아버지 같은, 작지만 영혼의 길잡이가 되는 마음 건강한 교회를 간절히 기다립니다. 맑은 영혼으로 이 시대 교회를 지키는 우리 목회자와 지도자들이 있는 한 불가능한 일만은 아니라고 스스로 위안도 해봅니다. 교회건축은 세계사적으로 교회만의 것이 아니라 국민과 사회가 바라보는 시선에 대한 기대치를 저버릴 수 없는 하나의 위대한 인류산물이기 때문입니다.

TV를 꺼야 하는 이유

한번은 유명인 한 분이
CCTV카메라로 TV보는 자신의
모습을 찍었다고 합니다.
후에 다시 되돌려 보니
자신인지 의심할 정도로
행동과 자세가 그렇게
바보스러울 수가 없었다고
고백했습니다.

TV가 아버지 대신 상석에 가부좌를 틀고앉아 있습니다. 가족들은 TV에 눈을 맞춥니다. 몰입할수록 점점 더 선명해지는 허상虛想을 숭배합니다. 빛을 우러르는 일신사상日神思想이 집으로 들어온 해괴한 현상입니다. 이 시대 집의 이름은 TV사당祠堂입니다. TV를 위패처럼 모시고 있습니다. 한국인 하루 평균 3시간 TV시청, 1년에 한 달 반, 평생 10년이라고 합니다.

한국에도 'TV끄기 시민운동'이 출범하여 활동하고 있지만 '문화지체운동'으로 비판하는 사례도 있습니다. TV를 꺼야 하는 이유는 분명히 있습니다. TV를 끄면 가족과 자신을 돌아볼 여지가 생긴다고 TV를 적게 보는 사람들이 이구동성으로 하는 말입니다.

우리의 사례는 아니지만 미국에서도 우리보다 일찍 95년부터 이런 운동이 벌어졌습니다.

Turn off TV – Turn on Life!
TV를 끄고 삶을 바꾸자!

'TV끄기 네트워크' 단체로부터 시작되었고 '1년에 1주일 TV끄기' 캠페인을 벌이면서 2004년에는 760만 명이 동참했다고 합니다.

〈EBS 지식채널〉에서는 이러한 운동이 미국에서 벌어진 8가지 이유를 중심으로 내용을 전개하고 있는데 미국의 정서가 다소 가미되어 있지만 상당히 절박한 메시지를 담고 있음을 헤아릴 수 있습니다.

첫째 무의식적인 간식섭취 – 비만 위험성
둘째 부정적 사건사고와 재앙에 대한 보도
셋째 비현실적 폭력물 – 폭력성 조장

넷째 과도한 노출과 선정성 – 이상 성적 행동의 조장

다섯째 과도한 음주와 흡연 장면 – 술, 담배 조장

여섯째 일방적 시각정보 – 학습능력 저하

일곱째 광고의 범람 – 순간주의와 조급성 조장

여덟째 과도한 건강정보 – 건강 염려증 조장

이는 TV가 사람에게 이롭기도 하겠지만 해가 더 많다고 말합니다. 쉽지 않지만 TV를 끄거나 시청시간을 줄여 빼앗긴 정신적 영토를 늘리는 시도가 필요합니다. 세계적인 비디오 아티스트 백남준 씨는 "우리가 TV에 대한 저항력이 없다면 우리는 TV에 빠져 죽을지도 모른다."고 말하기도 했습니다.

고 백남준 씨와 생전에 절친했던 미학자 이용우(광주비엔날레 현 대표이사, 전 고려대교수)도 TV에 대한 재미있는 우화를 사석에서 들려준 적이 있습니다.

한번은 CCTV카메라로 TV보는 자신의 모습을 찍었다고 합니다. 후에 다시 되돌려 보니 자신인지 의심할 정도로 행동과 자세가 그렇게 바보스러울 수 없었다고 고백했습니다. 그후의 에피소드가 재미있습니다. 어느 날 거실에서 TV를 보려고 리모컨을 찾는데 보이지 않아 TV를 구매했던 매장으로 가서 리모컨을 사기로 했습니다. 그런데 점원이 6개월 전을 기억하고 그때 리모컨을 빠뜨리고 갔다고 말하더랍니다. TV를 사놓고 6개월 동안 한 번도 켜지 않았다는 것을 몰랐다는 이야기지요. 그분은 어딘가에 더 집중했고 많은 독서를 했다고 합니다.

나도 리모컨맨이었습니다. 휴일이면 버릇처럼 나도 모르는 사이에 리모컨을 들고 있음을 알아챘습니다. 리모컨을 든 사람이면 축지법을 사용하는 사람처럼 위세를 떨 수 있기 때문입니다. 사람도 리모컨으로 조종할 수 있을 것처럼 착각이 들기도 했습니다. 인간 스스로 생산해내는 상상과 감동을 쉽게 해주는 TV 앞에서의 모습은 누구나 할 것 없이 바보스러운 모습이 아닐까 싶습니다.

1995년 이후로 나는 건축주에게 의뢰받은 작업 중 거실에서 TV빼기를 시도해왔습니다. 나의 설득에 거의 모든 분이 동참해주었지만 무료한 어른들에게서는 TV라는 친구를 빼앗을 수 없었습니다. 도시의 고독을 TV가 대신해주는 또 하나의 문화현상을 그저 안타깝게 바라볼 수밖에 없었습니다.

비주얼 커뮤니케이션 시대를 사는 우리가 TV를 배제할 수 없는 것은 사실입니다. 스마트폰이 세계를 점령하면서 화상에 대한 개인적 몰입도가 더 높아지고 있습니다. 이 시대 풍속적 풍경이 앞으로 어떻게 변화될 것인지 무척 궁금합니다. 화면의 질과 특수효과 기술은 사람을 더욱 자극할 것이고 더 개별화되면서 사람과 사람 사이에 상대적 무관심이 심화될 것이라는 학자들의 보고도 있습니다. 지금의 현상이 한 시대의 소묘적 풍경이었으면 하는 마음 간절합니다.

디자인으로 재능을 기부하는 사회

재능기부는 참으로 아름다운 문화입니다.
하지만 재능기부를 무보수의 대안으로
몰아가는 사회적 분위기는 금물입니다.
재능기부는 순수한 마음으로 임해야
그 가치와 진가를 발휘해낼 수 있기 때문입니다.

I ♥ NY

이 로고를 모르는 사람은 없을 것입니다.

미국의 그래픽 디자이너 밀튼 글레이저(Milton Glaser)가 뉴욕시청의 의뢰를 받아 디자인한 로고로 재능기부에 의해 이루어졌습니다. 이것은 잠시 관광진흥캠페인에 사용될 예정이었으나 인기가 높아져 그 쓰임새가 폭넓게 활용되면서 더 유명해졌습니다. 그 탓에 이 로고를 흉내낸 '짝퉁 로고'들이 생겨났고 무려 3,000건이 넘는 상표권 침해분쟁이 일어나기도 했습니다. 이렇게 난리친 것을 보면 대단히 인기디자인이었던 것만은 분명한 것 같습니다.

그 유명세를 통해 로고의 디자인료와 저작권료에 대한 관심이 많아졌습니다. 그러나 작가는 수많은 저작료와 지적재산권을 뉴욕 시에 기부했습니다. 일찌감치 '재능기부'를 실천한 모범답안의 전형을 보여주었습니다.

글레이저는 2001년 9월 11일, 테러 때문에 시민들이 절망에 빠져 있을 때 자발적으로 새로운 로고를 디자인했습니다. 기존 로고에 다음의 문구를 추가했습니다.

More than Ever(어느 때보다 더)

그림에는 세계무역센터 부지에 해당되는 곳에 검은색으로 점을 찍어 테러의 상처를 나타냈습니다. 〈데일리 뉴스〉에 게재되기도 한 포스터는 비록 큰 아픔이 있을지라도 뉴욕을 더욱 사랑한다는 메시지가 담겨 많은 시민의 마음을 달래주었습니다. 우리나라 기부문화에 대해 세상사람들은 할 이야기가 많은가 봅니다. 선진 외국의 사례와 비교해 인색하기만 한 부자들의 기부를 부끄럽게 받아들이고 노블레스 오블리주의 부재를 개탄하기도 합니다. 그러나 기부는 가진 자만의 전유물이 아닙니다. 우리는 글레이저를 통해 자신의 재능에 숨겨진 재산권도 크고 아름다운 '기부'가 된다는 것을 알 수 있었습니다.

포털사이트 네이버는 최근 '나눔글꼴'과 '나눔손글씨' 등 한글문서형식 40종을 개발해 무료 배포했습니다. 프린터에서 출력하면 잉크를 최대 35퍼센트 절약할 수 있는 '나눔글꼴에코'도 배포했습니다. 기업의 이러한 기부는 사회에 큰 울림을 주고 빠르게 확산된다는 의

미에서 매우 좋은 사례로 받아들여집니다. 사실 재능기부의 원조는 미국이라고 볼 수 있습니다. 그렇기에 미국과 미국사람들의 기부문화는 우리가 눈여겨볼 만한 내용이 많습니다. 과거 미국에서는 지각 있는 몇몇 변호사들이 사회적 약자를 위해 무료법률 도우미가 되는 '프로보노Pro Bono'를 실천했는데, 여기에서 재능기부가 시작됐습니다. '프로보노'는 라틴어로 '공익을 위하여(Pro Bono Public)'라는 뜻을 담고 있습니다.

내가 롤모델로 삼는 재능기부자 1위는, 지금은 세상에 없는 사무엘 막비Samuel Mockbee입니다. 그는 미국건축가이면서 오번대학 교수였고 '루럴 스투디오' 운영자였습니다. 몇 년 전 그의 단행본《희망을 걷는 건축가》가 소개되면서 한국에 알려졌습니다.

사무엘 막비가 창립한 루럴 스투디오는 미국에서도 가장 가난한 마을인 앨라배마 주의 헤일 카운티에 있습니다. 이 스투디오는 학생들과 함께 설계하고 직접 땀흘려 지은 것입니다. 독특한 방식의 재능기부를 실천한 셈이지요. 현상공모를 통한 당선비 대신 건축재료를 얻어, 빈민들을 위해 무료로 집을 지어주면서 수업과 봉사활동을 병행했다는 내용을 한국어판 책을 통해 매우 관심있게 읽었습니다.

막비는 오번대학 건축과교수가 되자마자 어려운 시골마을에 스투디오를 만들며 건축을 사회와 교육에 어떻게 상호작용시킬 것인지 학생들 앞에서 몸소 실천으로 보여 주었습니다. 루럴 스투디오는 진정한 실천과 행동이 무엇인지 가르쳐 준 교육자이자 건축가인 막비의 작품입니다. 그는 지병으로 57세에 세상을 떠난 후 미국건축가협회 최고의 상인 골드메달을 받았습니다. 빈민들을 위한 주택, 놀이터, 야구장, 교회 등을 세우면서 설계에서 건축시공까지 모두 무료로 작업했습니다.

이 모든 과정을 자신과 학생들의 열정과 땀으로 실천했다는 점에서 그의 재능기부는 남다르다 할 수 있습니다. 자동차번호판, 폐차과정에서 추출된 차량 앞유리와 뒷유리는 바람과 비막이가 되었습니다. 폐타이어에 시멘트가 채워지면 벽이 되었고 버려진 전봇대는 기둥이 되었습니다.

오늘날 건축이 가진 한계를 가장 지역적이면서도 위트있게 재활용해 자연친화적으로 풀어낸 사례라 볼 수 있습니다. 그는 거룩한 대학 교수가 아니라 이웃집아저씨처럼 소탈한 사람이었습니다. 그런 그를 나는 가장 가치 있는 재능기부자이자 영원한 스승으로 마음속에 남겨 두었습니다.

막비에게서 자극받은 나는 재능기부단체인 10인10색 그룹을 결성했습니다. 지자체가 가지고 있는 현실과 대안차원에서 디자인적 고민을 같이 해보자는 생각으로 결성했습니다. 10명의 전문가와 교수들(홍익대학교 산업대학원의 오웅성 교수, 상명대학교 실내건축과 문정묵 교수, 한국조형예술원 김성수 교수, 과학기술대학 겸임교수 고도재 교수, 작가 한젬마, 신구대학 이경돈 교수, 대구대학교 안진석 교수, 동양대학 이종협 교수, 디자이너 강무진, 저널리스트 김용삼, 조명디자이너 박종호)과 협의해 만든 그룹입니다. 대단한 사명의식으로 무장하는 소위 '독수리 오형제' 정의의 사도와 같은 발로에서 출발한 것이 아니라 조금이라도 건강하게 활동하고 있을 때 사회에 재능을 나눠보자는 마음으로 제안했고 모두 선뜻 그룹에 합류해 주었습니다.

노블리스 오블리주가 적은 우리나라에서 예술정신 하나로
버티고 사는 우리가 몸으로 재능을 실천해보자.

이처럼 모임에 참여한 우리는 농담을 주고받으며 웃은 적이 있습니다. 멤버들도 마음속에 재능기부 본능을 품고 있던 터라 매우 행복하게 받아들였습니다. 이것이 최초로 재능을 기부하는 시발점이 되었습니다. 시작은 어렵고 힘들었습니다. 재능기부는 재능이 있기에 나누는 것이 아니라 사회적 합의와 정서, 특히 지자체가 지니고 있는 인문학적 이해도가 수평선상에 있어야 한다는 사실을 깨달았습니다.

보고서를 제출하는 일은 더욱 어려운 일이었습니다. 기록을 공개하는 것은 재능기부자들에게 큰 부담이었기에 나중에는 일을 너무 크게 벌인 것이 아닌가 자문하기도 했습니다.

현장방문 조사투어 이후 재능기부보고서를 지자체인 나주시, 익산시, 하동시, 순천시에 총 4회 제출했습니다. 이후로도 요청한 지자체는 1년에 2회에 한해 응하기로 합의했습니다. 하동군과 익산시로부터 우리가 제출한 보고서를 공무원에게 배포해 도시디자인 자료로 활용하고 있다는 소식을 전해들었을 때 무척 보람을 느꼈습니다.

나는 지금도 개인적인 재능기부를 따로 실천합니다. 바로 초·중·고등학교 재능기부 프로젝트입니다. 학교는 내게 남다른 재능본능을 발동시킵니다. 미래를 준비하는 인생의 중요한 학습장인 '학교'는 제2의 집입니다. 우리나라는 성장과정의 학생들이 집에 있는 시간보다 학교에서 보내는 시간이 많은 유일한 나라입니다.

8년 전 학교 리모델링 제의로 미국의 동부와 서부의 초·중·고등학교를 돌아보고 몹시 충격을 받았습니다. 학교가 디자인되어 있었기 때문입니다. 학교를 공부만 하는 공간으로 인식하는 우리나라와는 달랐습니다. 색채와 유머가 적절히 개입된 학교환경을 디자인하는 기술이 대단해 보였습니다. 오슬람과 필립스의 전구가 일반전구보다 3배 이상 비싼 것은 재료의 차이가 아닌 디자인비용의 차이라는 것을 입증해주듯 말입니다.

3년 전 우연한 기회에 압구정중학교 교장선생님을 알게 되었고 디자인 재능기부를 부탁받았습니다. 그날로 오히려 부자동네라는 역차별을 받고 있는 압구정중학교 학교환경의 충격적 현실에 낭만을 깃들이는 작업을 약속했습니다. 담장에서부터 로비, 도서관, 교무실, 복도, 계단, 화장실, 교실, 강당 등 "색채와 유머를 통해 낭만적 학교를 선물하자"는 내면적 주제를 정하고 꼬박 2년을 기부했습니다. 학부모 대표들의 진실한 관심과 격려, 교장선생님의 열정, 운영위원장님의 예산확보 노력이 없었다면 이룰 수 없는 일이었습니다.

그 결과 이 중학교는 '전국 학교환경변화' 1등을 차지했습니다. 그 무엇보다 복도에서 만난 선생님들과 학생들 표정을 잊을 수 없습니다. 건축가로서의 아름다운 추억을 남기게 된 것입니다.

나는 우리나라에서 수없이 실행되고 있는 디자인 재능기부문화가 조금 우려됩니다. 정신노동의 대가기준이 열악해서 지자체나 정부기관 등에서 디자이너들의 재능기부 분위기를 악용할 수 있기 때문입니다. 재능기부는 참으로 아름다운 문화입니다. 하지만 그것을 무보수의 대안으로 몰아가는 사회적 분위기는 금물입니다. 재능기부는 순수하게 해야 그 가치를 만들어낼 수 있기 때문입니다. 가치나눔의 본질을 훼손하지 말아야 합니다.

도시에서 간판을 보고 산다는 것

우리가 지금 쓰고 있는
'간판看板'이라는 말은
일본어입니다.
일본 규슈대학 조선학연구소에는
당시 쓰였던 조선어를 총정리한
'조선어대사전'이 소장돼 있습니다.
사전을 살펴보면 우리말에
'간판'이라는 단어는 없습니다.

몇해 전 독일의 프랑크푸르트로 출장을 갔습니다. 그곳에서 나를 가장 놀라게 한 것은 거리의 간판이었습니다. 호텔에 여장을 풀자마자 독일의 호프집을 경험해보자는 심산으로 무작정 동료와 거리로 나섰습니다. 우리는 1시간 동안 거리를 헤맸지만 호프전문점을 찾는 데 실패하고 말았습니다. 저녁 8시가 넘은 시간인데도 밤거리는 상당히 어두웠습니다. 서울의 화려함과 빛의 양에 비해 매우 어두웠고 무엇보다 간판이 보이지 않았습니다.

우리는 의문을 가졌습니다. 세계 속 경제, 기술도시인 프랑크푸르트에 무슨 연유로 간판이 보이지 않느냐는 것이었습니다. 알고보니 그곳은 이미 간판에 대한 강력한 규정과 시민윤리가 완벽히 조화를 이룬 세계에서 손꼽히는 성공적인 모델 도시였습니다.

파나플랙스의 자극적 빛깔, 네온과 발광다이오드의 현란함은 물론 돌출간판 또한 찾을 수 없었습니다. 고색창연한 중세풍의 건물 정면에 빛도 나지 않는 무채색의 손바닥만 한 간판이 걸려 있었습니다. 그것은 도대체 보라고 붙여 놓은 것인지 보지 말라고 붙여 놓은 것인지 모를 정도로 희미하여, 목적지를 쉽게 찾지 못했던 경험은 대한민국 디자이너인 저를 부끄럽게 만들었습니다.

유럽은 과거와 현재가 시간의 켜를 이루고 있습니다. 과거는 과거대로 현재는 현재대로 완벽한 조화를 이루고 있습니다. 불편을 감수하더라도 역사성을 지키려는 의식만큼은 알아줘야 합니다.

유럽을 지탱하는 또 하나의 힘은 준비성과 합목적성 그리고 상대성입니다. 유럽인들은 길을 찾아나설 때에도 지도를 먼저 보고 면밀히 검토한 후 머리로 완전히 숙지한 뒤에야 목적지를 향해 출발합니다. 그들은 지도를 필수품처럼 휴대합니다.

그날 우리가 호프집을 찾아나서기 전에 먼저 호텔카운터에 물어보거나 지도를 확인했더라면 10분 안에 찾을 수 있었다는 사실을 깨달았습니다. 개인적으로는 불편하지만 공공을 위해 간판을 정비한 그 공공성의 힘이 얼마나 사람을 이롭게 하는지 알게 하는 좋은 사례입니다.

유럽의 여러 도시들은 수천 년의 세월 동안 겹겹이 쌓인 문화를 잘 포장하고 가꾸면서 연중무휴 바겐세일을 하지 않고도 그들 문화를 비싼 값으로 세계에 팔고 있습니다.

우리나라 역시 그에 뒤지지 않는 역사를 갖고 있습니다. 이야기와 문화 역시 충분합니다. 그럼에도 불구하고 우리문화를 그들처럼 비싼 값에 팔지 못하는 이유는 무엇일까요. 마케팅이나 포장기술, 운용기술에 그 원인이 있다면 이것은 얼마든지 배워서 바꿀 수 있습니다. 그러나 사회구조에 원인이 있다면 이야기는 다른 문제가 됩니다. 공공성보다는 집단과 개인, 공동의 이익보다는 개인이익을 우선시하는 사회구조의 냉담한 현실 속에 우리민족의 아름다운 문화를 팔기란 쉽지 않습니다.

과거 문민정부시절 밑도 끝도 없이 'Visit Korea'를 외쳐댔던 풍경을 떠올려봅니다. 그 모습을 본 외국인들이 우리를 얼마나 조롱했을까 생각해봅니다. 준비성없는 계획과 조급증, 이기주의가 이 사회의 고질적인 공공의 적이라고 생각합니다.

우리가 살고 있는 도시의 대표적인 공공의 적은 간판입니다. 간판은 그 나라의 얼굴이자 표정입니다. 또한 문화적 상징이자 공공의 미덕, 최소한의 책임입니다. 이것은 누구나 공감할 것입니다.

역사·문화적 배경 안에서 과연 간판은 우리에게 어떠한 의미인지 알고 싶을 때가 많습니다. 우리는 혼란과 위기의 근대를 거치면서 주체적 문화 시나리오를 완성할 기회를 놓쳤습니다.

초기 자본주의가 어설프게 자리매김하면서 우리 민족의 문화는 자존적 이기심과 유목민적 근성에 근거한 '나 문화'로 나타났습니다. 그 대표적 상징물이자 서글픔의 응어리인 간판이 양산되었습니다.

우리가 지금 쓰고 있는 '간판看板'이라는 말은 일본어입니다. 일본 규슈대학 조선학연구소에는 당시 쓰였던 조선어를 총정리한《조선어 대사전》이 소장돼 있습니다. 사전을 살펴보면 우리말에 '간판'이라는 단어는 기록되어 있지 않습니다. 또한 한국인의 사업에 대해 조사한《조선인의 상업》이라는 책의 상업용어 편에는 우리의 '현판'을 일본의 '간판'과 비교하고 있습니다. 이것으로 보아 1925년 이전 우리나라는 '간판'이라는 단어를 사용하지 않았다는 것을 알 수 있습니다.

이쯤에서 우리민족의 '현판' 이야기를 하지 않을 수가 없습니다. '현판懸板'이라는 단어에 현懸은 '고을 현縣'에 '마음 심心'을 합한 글자입니다, 판板은 '널빤지, 나무 목木'에 '되돌릴 반反'을 합한 글자입니다. 그 사전적 의미는 글씨나 그림을 새겨 문 위나 벽에 다는 '널조각'입니다. 자연소재인 나무널빤지에 각 고을마다 지니고 있는 특유의 인심과 표정을 담아 정체성을 알리는 동시에 상징물로 기능했던 것입니다. 현판은 고을의 고매한 어른이 정성껏 이름을 짓고 서예로 표현해 조각해서 널리 알리고자 한 우리민족의 알림 덕담이었습니다.

이번에는 '간판'이라는 단어에 대해 살펴보겠습니다. 본다는 뜻의 '간看'은 '손 수手'에 '눈 목目'을 합성한 한자입니다. 사람이 손을 눈 위에 올려 햇볕을 가리고 먼 곳을 바라보는 모양입니다. 우리의 정서를 담고 있는 시적인 표현과는 매우 다르다는 느낌을 줍니다. 오직 보는 것이 목적인 간판과 느낌도 함께 전하려고 한 현판과는 확연한 민족적인 의식의 차이가 있습니다. 참 행복하고 다행스러운 일입니다.

보다 작게, 보다 적게, 보다 겸손히!

'간판'이라는 단어는 사회현상 속에서 부정적인 예로 쓰이기도 합니다. 남에게 보이기 위한 학력과 자격을 폄하해 이르기도 하고, 어떤 사실을 감추거나 합리화할 때에도 이 말을 씁니다. '간판쟁이'라는 말로 직업을 홀대해서 부르기도 하고 얼굴을 '간판짝'이라 빗대어 이르기도 합니다. 간판에는 이 시대 사회저변에 깔려 있는 가볍거나 냉소적 의식이 담겨 있습니다.

이러한 이유로 간판은 현판으로 바꿔불러야 합니다. 이는 민족적 자존심을 되살리고 여러 계층에서 일고 있는 간판과의 전쟁에서 승리하는 길입니다. "보다 크게, 보다 많게, 보다 튀게"와 같은 절대자본주의의 이기심, 소위 먹튀 유목민이 아닌, 우리민족의 서정성과 상대주의 정신에 맞는 "보다 작게, 보다 적게, 보다 겸손히"로 바꿔야 희망을 찾을 수 있습니다.

다행히 서울시가 간판과의 전쟁을 선포한 이래 녹색소비자연대 등 뜻이 통하는 지식단체들이 노력을 합하면서 희망이 생겨나고 있습니다. 간판을 위한 한 시민모임 의식조사에 의하면 대도시 시민 중 88퍼센트 이상이 간판을 통제해야 할 필요성을 느낀다고 답했습니다. 우리 시민들도 이미 오래전부터 의식변화를 하고 있던 것입니다.

또한 간판을 시민의 공공자산이라고 응답한 사람이 86퍼센트나 되었습니다. 간판을 보고 가게를 택한다는 소비자는 단 3퍼센트에 불과했습니다. 이는 간판이 영업과 직결된다는 업주들의 생각과 상당한 차이가 있음을 보여줍니다.

일본에서는 특성 있는 지역을 만들기 위해 '마치츠쿠리 운동'을 전개했습니다. 이에 따라 간판을 모두 독창적인 형태로 교체했으며, 그 결과 지역의 정체성이 뚜렷해지고 매력적 도시로 탈바꿈했습니다.

이제 우리는 우리의 현판문화를 되살릴 때입니다. 획일적 재료와 크기, 디자인에서 벗어나 '간판주인'문화 마인드가 담긴 현판문화를 되살릴 때입니다. 간판이 사회의 사적 자산이라면 현판은 공공적 자산이며 사회를 이롭게 할 뿐 아니라 전통가치를 되돌리는 도시의 위대한 시각자원이기 때문입니다.

간판에 대한 서울시의 시범거리 조성사업은 다른 중소도시에도 변화의 바람을 불러일으켰습니다. 기획전시를 비롯해 홈페이지를 이용한 계도, 각종 수상제정 등 적지 않은 예산과 에너지가 투여되고 있습니다. 하지만 수량과 크기만 통제했을 뿐 심층적 고민의 흔적은 많이 부족합니다. 제주도에 가면 제주도 맛이 나는 간판이 필요합니다. 우리의 솜씨에 행정적 노력과 열정이 더해진다면 분명 이루어질 일입니다.

서민도시, 부자도시, 다시 신명도시

골목이 골목다워야 하고
이웃이 이웃다워야 하는 곳
그것이 서민의 도시입니다.
희망을 꺾지 않는 도시
그것이 부자의 도시입니다.
다시 신명입니다.

사람들 대다수가 서민이어서 상대적 행복감이 사회에 남아 있었던 시절이 엊그제 같습니다. 그러나 세월이 많이 흘렀습니다. 지도자에 대한 믿음과 존경심이 있었던 그 순박한 시대, 희망의 시대가 추억처럼 그리워집니다.

새마을운동이 불길처럼 일어날 때 나는 초등학생이었습니다. 일요일이면 나보다 큰 삽을 들고 나가 마을을 보수하고 가꾸는 일을 했습니다. 그런데도 힘들었던 기억보다 행복한 기억이 많습니다. 그 이유가 무엇인지 궁금해졌습니다. 지금 생각해보면 변화되어 가는 것들에서 희망을 발견해 가슴에 담았기 때문이리라 여겨집니다. 서로의 얼굴에서 노동의 나눔과 땀의 가치, 지도자에 대한 신뢰 등을 발견했을 때 에너지가 결집되고 그에 따른 상승효과가 있을 테니 말입니다.

우리민족이 가진 크나큰 장점 중 하나인 신명 코드가 이런 원리에서 나오게 되었음을 기억해야 합니다. 우리가 가진 묘한 신명은 그냥 오는 게 아닙니다. 설득하고 이해하며 서로 인정하고 함께하는 집단의식의 결정체라고 볼 수 있습니다.

그것은 국가위기 때마다 힘을 발휘했습니다. 국가적인 위계와 상관없이 국민들은 스스로 저항의 신명을 발휘했습니다. '한다' 하더니 월드컵 4강을 이루는 등 진짜 해내고 말았습니다. 노력과 대가가 분명하게 분배되고 개개인의 자존적 존중이 균형을 이뤘을 때 에너지가 상승하는 효과를 얻은 것입니다.

그러나 오늘날 서민들의 신명은 사라졌습니다. 우리는 서민들이 겪는 부의 양극화와 절망적 미래를 영화의 한 장면처럼 뉴스와 현실에서 매일 보고 삽니다. 연말연시에 익숙히 보아왔던 행사처럼 치러지는 이웃에 대한 배려 등을 통한 서민들의 피로감은 극으로 치닫고 있다고 봐야 합니다.

선거 때만 불길처럼 나타났다가 사라지는 '서민'이라는 단어, 지겨운 정치 탓 안 하고 우회해서 말하려 해도 그렇게 되지 않아 안타깝습니다. 지난 5년간 서민들의 삶은 더욱 궁핍해졌습니다. 직접적 계산이 되지 않는 가계부채가 900조 원을 넘었습니다. 지난 7년 동안 대형마트 450개가 생긴 대신 전통시장 178개가 사라졌습니다. 영세기업과 상인들이 운영하는 매장은 2006년부터 매년 약 1만 개씩 문을 닫고 있는 실정입니다.

1980~1990년대에도 없었던 전례없는 새로운 기록들이 속출하고 있습니다. 이 사회의 균형이 사라지면서 신명도 사라졌습니다. 국민소득 평균 2만 달러의 기대가치는 어디에 있는지 전혀 눈으로 찾을 수가 없습니다.

서민들의 피로감은 상대적 결핍에서 비롯되었고 그로 인한 큰 절망은 점차 커져만 갔습니다. 국민소득 평균 3천 달러이던 1970~1980년대에도 공동체의식이 탄탄했고 함께 희망을 나눴습니다. 그런데 오늘날 서민경제 2만 달러 시대를 맞이하고도 절망하는 아이러니가 우리를 슬프게 합니다. 소득이 의식마저 지배하는 이 시대에 서민들은 총선과 대선에서 자신들이 경제적 약자임에도 불구하고 균형 있는 판단보다 경제기치에 표를 던질 가능성이 높습니다. 후보의 도덕적 문제점도 꼼꼼히 따질 여력이 없다는 이야기지요. 그래서 막연히 경제를 일으켜줄 것 같은 지도자를 본의 아니게 선택하게 되었고, 그 바보스러운 순박함이 오히려 서민을 어렵게 만들었습니다. 부자지향 정책의 정수를 보고 있는 지금 뭐라 말할 기력도 없어 보입니다.

정책은 일반적으로 상대의 눈치도 보고 배려하는 시늉도 해야 하는 것이 통념입니다. 그런데도 상대적으로 고집스럽게 부자지향 정책을 펴는 것을 보면 선거전략상 애초에 가슴에도 없는 '서민'이란 용어를 잠시 빌려 사용했던 것에 불과했음을 알 수 있습니다. 1960~1980년대 서민들의 기름 묻은 돈으로 대기업이 된 그들의 하도급 불공정 오만이 도를 넘었고, 골목상권의 소위 '빨대 경제권력'이 약자인 서민들을 괴롭히고 있습니다.

금융약자인 서민은 살인적 고금리, 초고금리, 제2와 제3, 제4 금융권을 전전하며 각종 압력과 신용불량 제재를 받고 있고 국민연금, 건강보험 등의 의무도 지고 있습니다. 서민의 불편은 한숨을 넘어 숨통을 끊는 현상으로 전이되어가고 있습니다. 어느 시대에서도 보이지 않았던 절망의 단계에 와 있다고 봐야 합니다.

과거 고려 말, 이성계의 혁명세력은 문란한 토지제도를 바로잡기 위해 '과전법科田法'을 실시했습니다. 오랜 세월 전쟁과 생업으로 고려의 백성은 신명을 잃었고 국운마저 기울어가던 시대였습니다. 과전법은 전호가 전주에게 바치던 병작반수제(竝作半收制, 수확의 반을 나눈다)를 폐지하고 10분의 1만 허용하게 해 무소불위의 전주가 전호田戶의 경작지를 함부로 빼앗지 못하게 하는 법이었습니다. 그후 백성들은 정치와 경제폭압의 피로도를 대폭 낮출 수 있었습니다.

이제 서민의 이름으로 같이 고민할 때가 왔습니다. 조건없는 복지우선이 서민만을 위한 일은 아닙니다. 골목상권에서 조직과 경제권력을 앞세워 대기업들이 자행하는 빨대식 상권 훑기, 프랜차이즈 및 제조품 납품단가의 일방적이고 시대착오적 관계가 묵시되는 시기는 지났습니다. 이번만큼은 새 대통령이 섬세한 어머니 같은 모습으로 이 삭막한 골목에 나타나주길 기원해봅니다. 원칙과 질서, 상식만 지켜도 절망의 골목은 다시 희망의 골목으로 바뀌리라는 것은 너무나 잘 알고 있습니다.

우리 가슴에 다시 신명을 불러와야 합니다. 부자는 존경받을 때 진정한 부자입니다. 서민을 배려하지 않는 부자는 부자가 아닙니다. 서민의 배려는 모든 것과 잣대를 함께하는 신뢰의 구축입니다. 그렇게 된다면 다시 공동체의식은 되살아날 것이고 신명도 찾아오리라 믿습니다. 그것은 서민들에게 희망의 통로가 될 것입니다.

 골목이 골목다워야 하고, 이웃이 이웃다워야 하는 곳, 그것이 서민의 도시입니다. 희망을 꺾지 않는 도시, 그것이 부자의 도시입니다. 다시 신명입니다.

식민지시대의 건축물이 참 묘한 표정으로 서 있다

유대인들의 학살현장인 폴란드
아우슈비츠 가스실 입구에는
'용서하자, 그러나 잊지는 말자!'
라는 문구가 새겨 있습니다.
용서는 용서할 수 있는
사회적 성숙도와 맞물려 있습니다.

역사는 강력한 권위와 강제성을 지니고 있나 봅니다. 이는 비가 내리지 않는데도 우산을 들고 있어야 하는 불편함 같은 것입니다.

일제 식민지시대의 건축물(Colonial Architecture)은 수탈론收奪論과 근대화론近代化論, 저항과 국치적 정서를 떠나서라도 많은 불편함을 지니고 있습니다.

불편한 진실이라고 할 수 있겠지요. 지우려는 자들의 회한, 남겨두는 것에 따른 부담, 방치의 유죄……. 일제침략의 상징물인 '조선총독부 청사'가 문민정부 때 철거되었습니다. 1929년 완공해 1945년 주권회복을 할 때까지 20여 년 동안 식민통치의 일번지로 악명이 드높았던 건물입니다.

이 청사는 1948년 8월 15일 대한민국 정부수립 이후, 9·28 서울수복, 5·16쿠데타 선포, 12·12쿠데타 선포 등 20세기 후반 40여 년간 한국사의 거친 정치적, 사회적 격동기를 거쳐온 건축물입니다.

그렇다면 현존하는 식민지 건축물은 어떠할까요? 조선총독부 청사와 같은 운명을 걷고 있을까요? 현실은 그렇지 않습니다.

조선총독부 청사보다 21년 전에 세워진 건물이 있습니다. 바로 '서대문형무소'입니다. 그 당시 가장 최신식 건물이었던 이곳에 유관순, 윤봉길, 강우규 등 약 5천 명의 독립열사들이 투옥되었고 1500여 명이 순국했습니다. 서대문형무소는 일부만 철거되었을 뿐 '형무소 역사관'으로 재조성해 사용되고 있습니다.

사간동에 자리잡고 있는 기무사 건축물도 2012년에 '국립현대미술관 서울관'으로 이름을 바꾸어 운영되고 있습니다. 나주, 군산, 목포 등 지역도시의 일제강점기 건축물 역시 근대거리로 조성되면서 관광산업 자원으로 쓰이고 있습니다. 경성역이었던 현 서울역과 조선은행이 있던 자리인 현 한국은행, 경성부청이 있던 현 서울시청과 충남

도청은 근대건축물로 지정받아 문화재로 보호받고 있습니다.

　일관성없는 식민지 건축물의 적용을 어떻게 해석해야 할지 어려운 숙제처럼 느껴집니다. 우리에게는 망각, 추억, 역사, 감정, 흔적의 정서가 있습니다. 우리는 민족적 정서인 '측은지심'과 '사유지심'을 앞세워 식민지 건축을 바라보고 있습니다. 때로는 감정적으로, 때로는 자원의 하나로 보고 있는 것입니다. 유대인들의 학살현장인 폴란드의 아우슈비츠 가스실 입구에는 "용서하자, 그러나 잊지는 말자!"라는 문구가 새겨 있습니다. 용서는 용서할 수 있는 사회적 성숙도와 맞물려 있습니다.

　식민지 건축물은 식민지 기간에 만들어진 하드웨어 그 자체로 도심 한가운데 더러는 어색하게, 어정쩡한 상태로 방치되어 있어 분노와 격론의 대상이 되어 왔습니다. 이러한 건물에 새로운 의관을 입혀 근대역사자원 및 공공문화자원으로 재탄생시키는 일은 이제 의무가 되었습니다. 기억과 흔적의 장소가 도시를 빛내며 매력적 명소로 자리잡게 된 예는 유럽의 수많은 도시에서 발견할 수 있습니다.

　독일의 악명 높은 분단장벽은 도시 한가운데 버티고 서서 망각에 대비한 기억의 상징물로 남아 있습니다. 싱가포르 시티홀 역은 영국의 식민지건축물로 역사적 상징물이 되었습니다. 우리나라 역시 압제의 흔적을 수용하고 내려다볼 수 있는 여건을 갖추었다고 생각합니다. 지나간 과거를 추억하고 반성하며 여기서 교훈을 얻는 것이 중요합니다.

　도시는 모든 것의 집합체이지만 결국 사람이 모여 사는 인문학적 공간입니다. 산업혁명에서 비롯된 탈궁핍, 공업 만능시대, 미·소 냉전시대, 사람보다 개발이 지상명제이던 건설시대와 굴뚝산업을 거친 우리는 이제 사유지심의 단계에 이르면서 생각의 여유를 가져볼 시대에 살고 있습니다.

빨리 흥분하고, 빨리 눈물 흘리고, 빨리 감정을 정리하는 우리민족의 정서는 사유지심 개념으로 보면 조금 불리합니다. 지난 20세기는 반세기 만에 속도시대에서 단지 승리를 거머쥔 경험을 사유할 유전인자를 확보했다고 볼 수 있습니다. 지금은 묘한 특별한 정서를 가지고 세계를 넘나드는 문화 유전인자가 주목받고 있듯 말입니다.

싱글 도시학

핵가족시대가 도래된
1970년대 전반 산업화시대에도
학자들은 가족의 붕괴를 우려했습니다.
가족중심의 농경사회에서
객체와 능력중심의 산업사회로 이동하는
사회재배치가 세계적 추세라는 것을
받아들인 것이 불과 20년도 되지 않았습니다.

얼마 전 인터뷰에서 가수 박혜경이 결혼 전이라도 좋으니 남자친구의 아이를 갖고 싶다고 말하는 것을 보았습니다. "미혼모가 된다면 아이에게 무엇이라 말할 것이냐"는 질문에 "사랑하는 사람의 아이라고 당당하게 말하겠다"고 대답했습니다.

영화 〈싱글즈〉의 주인공 동미는 화끈한 성격의 소유자로 사랑과 감정에 충실한 자유연애주의자입니다. 친한 이성친구인 동준과 하룻밤 정사로 임신했고, 친구의 반대를 무릅쓰고 결국 아이를 낳습니다. 주위의 시선을 두려워하지 않고 자신의 삶을 씩씩하게 헤쳐나가는 당당한 미혼모로 사는 삶을 보여준 것이지요.

위에 열거한 두 가지 내용은 네오 싱글시대의 등장을 알리는 사례입니다. 공인으로서 말과 행동을 조심하고 사회통념과 타협해야 하는 연예인이 당당히 자기 생각을 밝히는 것은 네오 싱글족이 하나의 사회구성원으로서 살아가고 있음을 보여줍니다. 또한 영화에서는 결혼을 통해서만 이루어지는 임신과 출산이 아닌, 가족구성원을 뛰어넘는 네오 싱글리즘의 사례를 보여주고 있습니다.

일각에서는 이런 현상을 개탄하기도 합니다. 핵가족시대마저 무너지고 더 깊게 분절되었다는 우려 때문입니다. 가족이 붕괴되고 도덕과 전통사회의 따뜻함도 소멸되고 오로지 개성과 이기만을 중시하는 자기중심적 병리현상으로 보고 있는 것입니다.

핵가족시대가 도래된 1970년대 전반, 산업화시대에도 학자들은 가족의 붕괴를 우려했습니다. 가족중심의 농경사회에서 객체와 능력 중심의 산업사회로 이동하는 사회재배치가 세계적 추세라는 것을 받아들인 것이 불과 20년도 되지 않았습니다.

우리는 정보화시대를 맞이했습니다. 통신수단이 발달하기 이전의 사회는 가족이 보이지 않으면 가족의 가치를 잃은 것처럼 생각했습니다. 그러나 교통과 통신의 발달로 거리의 격차가 해소되면서 새로운 사회체계가 형성되었습니다. 음성과 화면을 통해 소통되는 현실을 맞이했습니다. 장소와 위치는 그다지 큰 문제가 되지 않는 추세입니다. 사회적 소통은 능력이 있는 자에게는 개인의 성향과 감정적 독립을 돕는 도구로 활용되고 있습니다. 그렇기 때문에 네오 싱글족은 절대 줄어들지 않으리라 생각됩니다.

인류의 절반이 가족생활보다 화려하고 단출한 싱글생활을 택할 것이라는 분석이 나오기도 했습니다. 유비쿼터스의 지배질서 안에서 생활하는 사람들을 싱글족이라 일컫기도 합니다.

빌 게이츠는 다가올 시대에는 "생각의 속도에 따른 비즈니스(Business at The Speed of Thought)가 필요하다"고 역설했습니다. 우리는 생각의 속도로 이뤄지는 사회를 끊임없이 추구하고 있습니다. 그 과정에서의 사회변형은 당연한 현상으로 받아들이고 있습니다. 단편적인 온라인 세상에서 벗어나 복잡하고 무질서한 문화를 기꺼이 수용하고 즐기려는 문화계층을 싱글족이라고 말합니다.

'화려한 싱글'이니 하는 수식어가 아니더라도 사회를 움직이는 유비쿼터스의 강력한 드라이브는 경제적 파워를 지닌 마케팅 대상으로 급부상할 것입니다. 자본주의는 이러한 현실을 결코 경외하지 않을 것입니다.

20세기 '자본적 소유경제시대'에서 21세기 '가소유경제시대'를 이끌어낸 이들은 임대형 오피스텔 건축붐을 만들어냈습니다. 나 홀로족과 화려한 싱글을 위한 시장은 굉장히 넓고 다양해졌습니다.

엔터테인먼트 산업의 발전과 컨버전스 시대를 만들어내는 통신시장의 발전, 이를 통한 멀티플소사이어티의 가속화로 또 하나의 사회 구성원인 싱글족이 탄생한 것입니다.

싱글에게 공간은 곧 연인이고 우주가 되었습니다. 나는 가끔 나만의 공간에 대한 폐쇄적인 두려움과 발칙한 상상이 어우러진 무한자유의 공간을 떠올리는 행운을 맛보곤 합니다. 살냄새가 겹겹이 뒤엉킨 빨래들의 정겨움, 침대 끝에 걸린 에로틱한 속옷, 아침마다 식탁에 올라가는 머그잔이나 식빵조각들 그리고 한줄기 빛, 현관에 꽂힌 반갑지 않은 과속위반 독촉통지 우편물, 한참을 찾던 리모컨이 싱크대 안에서 발견되고, 불쑥 찾아온 친구가 장기 체류하는 불편함, 어머니의 감시를 알리는 전화벨 소리, 빛이 잘 드는 침대, 현관에 쌓인 소주병, 코카스파니엘의 선한 눈……. 이 모든 것들이 싱글에게는 연인입니다.

솔로에게 연인이 되어주는 공간디자인 프로젝트가 때맞춰 몰려오고 있습니다. 언제부터인가 로프트형 소형공간 디자인이 잡지의 지면을 메우고 있고 그 매력과 간편함이 디자이너를 흥분시키기도 합니다.

디자인 다중노동의 대가

디자인 노동자들은
주·야간의 시간적 분류가 모호하고,
육체적 노동과 정신적 노동을 겸하는
'다중노동자'로 살아가고 있습니다.
이들은 정신노동은 기본이요,
끝없는 자기계발의 투자도
요구받고 있습니다.

중학교 시절, 김유정 작가가 1935년 발표한 단편소설《봄봄》을 읽고 독후감을 써낸 적이 있습니다. 이 소설은 지주 봉필영감이 한 소년에게 딸 점순이 키가 자라면 혼례를 시켜준다고 한 후, 대가없이 3년 7개월 동안 데릴사위로 부리는 이야기를 담고 있습니다. 조선 말기 병약한 농경사회를 배경으로 해학과 재미를 엮은 서글픈 코미디 같은 소설입니다. 소설 속에서처럼 거래의 약속이 지켜지지 않을 때, 소년은 사회 시스템으로부터 그 어떤 보장을 받을 도리가 없습니다.

"장인님! 이젠 저……"
뒤통수를 긁으며
"나이가 찼으니 성례를 시켜줘야 하지 않겠느냐" 하면
대답이 늘,
"이자식아! 성례고 뭐고 점순이가 미처 자라야지!"
하고 만다.

봉필영감은 일꾼을 데릴사위로 교묘히 포장해 일을 부립니다. 우리나라처럼 한 다리 건너면 모두 형님이고 동생인 씨족중심의 사회구조에서는 거래를 할 때 계약서를 쓰는 건 예의를 거스르는 행동으로 받아들여집니다. 그렇기에 소설 속 배경과 같은 거래가 생길 수밖에 없습니다. 이 소설을 읽을 때면 비합리적인 할아버지, 아버지 세대의 역사를 보는 것만 같습니다.

소설에서는 분쟁에 대한 판가름을 마을 '구장님'에게 부탁합니다. 그러나 구속력이 없는 중재일 뿐입니다. 봉필영감은 큰소리치고 삿대질을 하며 힘없는 개인을 상대로 일방적인 힘을 발휘하고 결국 승리를 거둡니다.

'딸의 키'라는 자의적 미끼를 사용해 사위가 되게 해주겠다는 애매한 '기준'을 정해놓고 그 끈을 유지하고 있는 것입니다. 이런 관계에는 불신, 더 나아가 국가경쟁력을 저해시킬 수 있습니다.

이 소설은 35년 일제강점기의 암울했던 사회적 관계와 질서를 보여줍니다. 소설은 끝없는 갈등이 지속되다가 결론을 내리지 않고 독자의 상상력에 맡긴 채 끝을 맺습니다.

나는 이런 생각을 해봅니다. 당시 농경사회에서의 육체노동과 오늘날 지식정보사회에서의 정신노동은 무엇이 다를까 하고 말입니다. 모든 노동은 사회를 떠받치는 와이어 프레임입니다. 시대가 달라도 노동은 예나 지금이나 사회기반을 받치고 있는 동적 에너지의 기초단위입니다. 농경기반의 육체노동 집약체계로 이뤄진 아날로그 사회가 인간적 도덕성에 의존했다면, 지식정보사회는 정신집약적 두뇌노동으로 빠르게 옮겨가고 있습니다. 그러나 우리는 70여 년이 지난 지금도 정신적이든 육체적이든 노동시장의 질적 패턴과 체계를 극복하지 못하고 있습니다.

서구는 19세기 말 자본주의가 탄생하면서 컨베이어벨트로 불리는 대량 생산라인이 도입됐습니다. 이로 인해 산업자본주의로 전환하게 되었고 정신노동과 육체노동의 분리가 본격화되었습니다. 정해진 노동시간에 능률을 최대로 올리는 방법, 일명 '포드주의'라 일컫는 대량생산과 무한경쟁의 시장논리는 잉여가치를 추구할 뿐이었습니다. 결국 노동자들은 단순 반복적 노동으로 세분화되었고 임금의 저하와 착취로 고통받았습니다.

1914년과 1929년의 경제적 공황으로 '포드주의'는 종말을 맞았습니다. 이후 '케인즈주의'와 '자본주의'가 결합하면서 생산증대와 임금상승 보장으로 인해 임금협상이 가능해졌습니다. 육체노동자들은 노동시간과 노동의 질을 추구하며 자본주의와 공존하는 토대를 어렵게 마련했습니다.

우리나라 역시 육체노동자들의 뼈를 깎는 고통으로 이루어졌습니다. 그러한 인식에 비해 지식정보시대 노동자들의 창조적 가치에 대한 사회적 인식은 너무 인색합니다. 9세기 말에는 굴뚝산업과 대량생산, 대량소비의 논리로도 거스를 수 없는 육체노동자들에 대한 인식이 있었습니다.

지식정보시대를 맞이한 오늘날, 우리나라에서의 정신노동자들에 대한 인식의 변화는 답보상태라고 봅니다. 이 시대의 디자이너인 정신노동자들의 다중 노동현상에 대해 언급하려 합니다. 유형적 생산노동자들의 시간과 노동은 수치적으로 계산할 수 있고 그로 인한 가시적인 관계도 성립 가능합니다. 그러나 디자이너의 노동은 수치화하기 어려워서 평가하기가 몹시 힘들다는 현실에 놓여 있습니다.

디자인 노동자들은 주·야간의 시간적 분류가 모호하고, 육체적 노동과 정신적 노동을 겸하는 '다중노동자'로 살아가고 있습니다. 이들은 정신노동은 기본이요, 끝없는 자기계발의 투자도 요구받고 있습니다. 다중노동자들이 이러한 현실 속에서 70~80년대 내건 '세계와 싸우는 디자인'이라는 기치는 구호만 있을 뿐 세계와 경쟁하는 디자이너를 생산해내지는 못했습니다. 이는 개인만이 아니라 국가적 차원에서 쏟아부었던 정열과 에너지를 헛투자한 결과를 보여주는 반증이기도 합니다.

다중노동자들의 정체성을 이해받기도 전에 이 사회에는 19세기 말의 포드주의적 노동착취 현상이 버젓이 일어나고 있습니다. 다중노동에 대한 구체적인 구속력이나 체계를 전혀 갖추지 못한 이 시대는 1935년에 발표된 소설《봄봄》속의 현실과 별반 다를 것이 없어 보입니다.

1919년 우리나라에 3.1운동이 한창일 때, 세계는 독일의 '국립 바우하우스'가 탄생하는 것을 조용히 지켜보았습니다. 1차 세계대전에 패전한 독일은 살인적인 인플레와 전쟁에서 승리한 국가들로부터 청구되는 전쟁비용을 부담하느라 고통을 겪고 있었습니다. 이 시기에 탄생한 바우하우스가 내건 목표는 "원점에서 시작하자"였습니다.

세계는 전범의 나라가 디자인을 모토로 지식 패러다임을 변화시키려는 시도에 깜짝 놀랐습니다. 독일은 수천 년에 걸친 동양철학과 지혜를 수용했고, 전쟁을 통해 깨달은 과학기술의 중요성에 기인해 예술과 과학을 접목한 합리적 교육을 시도했습니다. 지속 가능한 문화를 토대로 세계 중심에 서야 한다는 신념을 갖고 있었지요. 독일은 원점에서 시작했고, 그후 80년이 지난 지금 경제와 기술, 디자인에서 세계중심에 서 있습니다.

우리나라는 1997년 이후 매스컴을 통해 IT강국, 인터넷강국이라고 자화자찬하면서 쉼없이 목소리를 높였습니다. 이에 깜짝 놀란 세계는 우리나라를 경계대상으로 삼았습니다. 그 결과 내실을 다져온 중국은 우리나라와의 기술경쟁력 차이를 3~5년으로 좁혀 놓았습니다.

우리에겐 건전한 경쟁을 할 수 있는 밝은 토양이 절실히 필요합니다. 대기업에서 계열사에 가해지는 일방적인 하청과 수주의 틀을 바꿔야 합니다. 아직도 존재하는 학맥과 연고주의, 정부기관과 정부투자사의 권력을 이용한 비리, 졸속 극치의 행정과 전관예우의 로비관행도 전부 사라져야 합니다. 유통과정에서 발생하는 10~15퍼센트의 대행 피해, 전문회사의 15~30퍼센트에 이르는 기업이윤 등의 유통체계를 되돌아보아야 합니다.

현상공모의 '입찰 참가자격 사전심사제'를 설계단계에서부터 적용해야 합니다. 설계회사가 고사할 수밖에 없는 시스템을 '개념경쟁'으로 전환해 질적 경쟁을 통한 경쟁력을 키워내야 합니다.

시장경쟁사회에서 신용과 수행능력은 매주 중요한 역할을 담당합니다. 외국의 경우 직원 5~10명 내외인 작은 기업이 같은 견해와 철학으로 뭉쳐 외부와 싸우고 명성을 얻어낸 사례가 많습니다. 이것이 가능한 이유는 그들이 자신만의 철학을 지속시킬 수 있는 '다중노동'에 대한 대가가 상식적인 차원에서 이뤄졌기 때문입니다. 그러므로 국가적 세포가 건실할 수밖에 없습니다. 당장 눈앞의 감각적인 디자인만 쫓는 것이 아니라 문화적 지속이 가능한 디자인과 디자이너를 발굴하고 칭찬해내는 문화인 것입니다.

우리는 설계시스템을 장악한 기업의 디자인환경, 조악하기 이를 데 없는 산물들에 갇혀 살고 있습니다. 디자인기획과 설계비기준을 무너뜨리는 사회를 바로잡아가야 합니다. 부실한 설계비는 설계변경과 부실시공을 낳는 원인이 될 것이고 제2의 성수대교 위험을 내재할 수밖에 없습니다.

미국의 프로젝트 수행과정은 우리나라와 매우 다릅니다. 그 예로 'LA 카운티 뮤지엄'의 리모델링을 살펴보겠습니다. 사업단은 발주처 내에 TF팀을 구성해 전문건축가에게 자문을 얻으며 현상공모를 진행했습니다. 리모델링 사업은 1997년 발주되었는데, 지명경쟁방식으로 디자인설계 전문회사를 선발했습니다. 1차로 지원한 회사를 서류심사했으며, 선정한 회사를 일일이 방문했습니다. 오랜 시간이 소요됐지만 세부적인 체크를 게을리하지 않았습니다.

그후 공모를 실시했고 지명된 회사들은 선정되지 않는다 하더라도 설계공모 참여경비를 제공받았기 때문에 참여 자체에 의미를 둬 불만이나 잡음을 일으키지 않습니다. 우리는 이러한 현상공모 풍토를 배워야 합니다.

LA의 'The Getty Center'가 만든 〈예술과 혼을 기리는 기념전시관 Center for The History of Art and The Humanity〉의 사례도 살펴보겠습니다. 전시관은 1984년 입안해서 설계, 검토, 시공을 거쳐 1997년에 오픈했습니다. 리차드 마이어Richard Meier, 아이엠 페이 I.M.Pei, 로버트 벤투리Robert Venturi 등 7명의 건축가와 설계자들의 혼을 기리기 위하여 지하에 만든 전시관이었습니다. 그들은 고민의 흔적이 역력한 도면과 스터디 모형들을 전시해 사람들의 갈채를 받았습니다. 제작과정을 공개해 디자이너와 설계자, 엔지니어의 땀과 노력을 보여준 것입니다.

뮤지엄에 대한 애정과 자부심을 국민 스스로 갖게 하는 모습은 우리나라와 많이 비교됩니다. 관행으로 처리하는 우리와 달리, 그들은 국가적 사업을 서두르지 않고 준비하는 인내를 가졌습니다. 그리고 지속 가능한 문화에 대한 국민적 관심을 통해 세계의 중심을 빼앗기지 않으려는 총체적 노력을 기울였습니다.

설계와 시공은 철저히 분리되어야 합니다. 세계적 경쟁시스템을 갖추기 위해서는 설계 전문회사의 보호와 그에 따른 법적 시스템을 갖춰야 합니다. 그런 후에 건강한 설계경쟁이 이루어지고 매년 3천 명씩 적체되어가는 디자이너를 경쟁력 있는 디자이너로 만들어야 합니다. 디자인 시장이 세계적으로 개방된 지금, 철저히 무장된 외국기업들과의 경쟁에서 이겨낼 수 없다면 우리는 희망이라는 단어를 쓸 수 없을 것입니다.

한국디자인센터에서 실시한 〈디자인전문회사 인력현황 및 실태조사 보고서〉에 따르면 우리나라 디자인기업이 외국회사로부터 디자인을 의뢰받는 정도가 2000년대 전체 의뢰건수의 0.5퍼센트에 불과하다고 합니다.

또한 〈디자인용역비 산출에 대한 이해도 조사〉에 따르면, 디자인 용역비 항목 중에서 가장 이해도가 낮은 부분으로 '기획비'가 60.5퍼센트였으며, 그 다음이 조사분석비, 아이디어 스케치, 프레젠테이션, 샘플제작, 기본설계 순으로 나타났습니다. 이를 보면 사회적 인식의 수준이 얼마나 위험한지 알 수 있습니다. 이는 국제화시대에 우리나라의 디자인이 전혀 팔리지 않는다는 증거이기도 합니다. 제작의 기초가 되는 과정을 무시하고 결과만 꿈꾸는 몰상식의 인식을 바꿔야 합니다.

지금도 고무줄처럼 자의적 해석이 가능한 디자인 '다중노동' 시장의 사용대가 기준을 법제화하고 철저히 감독해야 합니다. 처음부터 설계비가 제외된 입안은 부실을 낳는 입안으로 평가해 시도 자체가 불가능하도록 그 장치를 다각도로 준비해야 합니다.

현재 정부차원에서 설계비에 대한 규정을 명기하고 있으나 구속력이 없어 언제든지 자의적 해석이 가능하도록 되어 있습니다. 그나마 삼성과 엘지 등 대기업에서 설계비를 난이도에 따라 차등지급하는 제도를 시행한다고 발표했습니다. 이 역시 분쟁이 될 수 있는 기준안 문제를 심층적으로 연구해 누구나 납득될 수 있도록 '모델 체크리스트'를 마련해야 할 것입니다.

공기업이나 정부 차원에서의 프로젝트는 기준모델을 설정하고 감독을 소홀히하지 말아야 합니다. 건교부가 기본설계비를 35퍼센트 인상 조정해 앞으로 발주하는 공공시설사업 설계용역에 적용하면서 기본설계비와 실시설계비 비율을 현행 1:3에서 1:2 수준으로 조정한다고 밝혔습니다. 이는 두뇌노동에 대한 인식전환을 불러일으킬 수 있는 시도로 보여 그나마 위안을 받습니다. 다만 단순공정과 보통공정, 복잡공정에 대한 요율을 어떻게 구분해내고 설득력을 심어줄지

의문입니다.

모 디자인잡지에 실린 뉴스란에 눈길이 가는 소식이 있었습니다. '건축설계하는 사람들 자존심찾기 운동추진'이라는 제목의 글이었습니다. 그것은 '건축설계감리 풍토개선을 위한 건축설계인 실천연합(약칭 건개연)'의 소식을 전하고 있었습니다.

건개연은 이 시대의 건축현실을 개탄하며 설계하는 사람 모두가 의식을 고취시켜 올바른 건축설계, 감리풍토를 조성하는 문화가 바로 잡혀야 한다는 취지의 전문가 연대운동을 펼치고 있었습니다.

계획설계 무료서비스 거부
부당한 설계경기 거부
설계감리 대가기준 준용
3대과제를 실행하자

이렇게 역설하고 있는 운동이 과연 성과가 있을지 의문이지만 대단히 주목할 만한 일입니다. 실효성없이 남발되는 프로젝트를 억제하고 발주자들의 충분한 연구와 검토를 기초로 한 질적인 상생관계를 이룰 수 있는 기회와 싹이 될 것이라 믿습니다. 이를 건축계만의 문제가 아닌, 디자인 전반에 걸친 재고의 계기로 삼으면 어떨까 싶습니다. 이제 우리는 지속가능한 문화를 만들어가기 위해 처음부터 다시 시작해야 합니다.

집은 부동산이 아닙니다

어느 날부터 집은
부동산으로 바뀌고
부동산은 가진 자와 못 가진 자를
구분해내는 척도로 변질되었습니다.
집안에서 이뤄지는 가족의 가치 또한
안타깝게도 하루가 다르게 변질되고 있습니다.

"산다는 것은 어떤 의미를 가지고 있을까?"

라는 평범한 질문을 스스로에게 던져본 적이 있습니다. 아침을 맞이하는 수많은 생명들 중 왜 유독 사람만이 산다는 것을 특별하게 생각하고 의미를 두는 것일까요? 왜 사람만이 집을 짓고 지키는 데 많은 에너지를 쏟는 걸까요? 그리고 그 욕구는 왜 사라지지 않는 것일까요?

그것은 사람에게 집은 지구상에서 인간의 역사와 함께 존재해온 또 하나의 생명이기 때문일 것입니다. 집은 추위와 비, 맹수를 피할 수 있게 합니다. 이런 물리적 의미 외에도 모계 또는 부계사회를 형성하고 사랑과 같은 정신적 안정감을 주기도 합니다. 사람이 아름다운 것은 집이 아름답기 때문일지도 모릅니다.

어느 날부터 집은 부동산으로 바뀌고 부동산은 가진 자와 못 가진 자를 구분하는 척도로 변질되었습니다. 집안에서 이뤄지는 가족의 가치 또한 안타깝게도 하루가 다르게 변질되고 있습니다.

우리사회는 최첨단 장비를 동원하여 사람과 가족을 보호합니다. 그런데도 사회는 여전히 불안하고 두렵습니다. 요새 부쩍 늘어난 말이 "사람이 제일 무섭다"입니다. 나누고 베푸는 사람은 적어지고 폐쇄된 공간에서 홀로 지내는 사람들이 많아졌기 때문입니다. 이런 시대의 집은 자연현상으로부터 가족을 지키고 보호하는 역할을 담당하지만은 않습니다.

두고두고 기억해야 할 사건이 있습니다. 얼마 전 한 살인사건이 사회를 떠들썩하게 했습니다. 피의자는 예의바른 20대 청년이었고 별다른 문제없이 평범하게 살아가던 이웃시민이었습니다. 그는 범행대상을 선택하는 과정에서 '집'을 보았다고 합니다. 부자로 예측된 자에게 살인을 저질렀다는 것입니다. 피의자는 집을 내면적 가치가 아닌 경제적 가치로만 인식한 것입니다.

꿈은 모두에게 존재합니다. 그러나 자신의 꿈을 이루기 위해 수단과 방법을 가리지 않고 타인에게 씻을 수 없는 크나큰 상처를 주면서 이루려는 사람들이 많아지고 있는 한, 우리는 끝없는 불안 속에서 살아야 합니다. 그리고 그 폐쇄적 현상과 불신은 더욱 팽배해질 것입니다.

아무런 이유없이 불특정다수를 향해 범죄를 저지르면서 상대적 우위를 선점하려는 이 시대 사람들의 절박함 속에서 이 모든 것을 그들의 잘못만으로 돌릴 수는 없습니다. 사회학자들은 매스컴과 기업들의 건설 상혼, 그로부터 기인된 교육 및 경제적 사회지위의 양극화와 박탈감이 문제라고 합니다. 그러나 말로만 떠든다고 해결될 일이 아닙니다. 집과 가족의 진정한 의미와 가치를 되찾으려는 사회운동이 선행되지 않으면 작은 변화도 기대할 수 없습니다.

집이 부동산으로 바뀐 시대에, 부동산은 성실히 살아가는 사람에게 상처를 줍니다. 집은 부의 상징이 되었고 부동산은 경제적 부를 이루기 위한 도구가 되었습니다. 자본주의 사회에서는 집이 권력으로 나타나기도 합니다. 집은 사람을 담아주고 꿈을 키우는 공간입니다. 그렇기 때문에 집이 소중한 만큼 인본적 가치를 되살리고 회복해야 합니다.

집은 꿈을 만들고 가꾸는 가족박물관입니다. 어머니가 밥짓고 빨래하는 집안의 소소로운 행위들이 가족을 건강하게 하고 더 나아가 미래사회를 만드는 아름다운 공간입니다.

우리는 이제 가정과 이웃과 더불어 사는 의미에 대해 헤아려볼 필요가 있습니다. 멀지 않은 과거 우리집에는 부모와 어른들의 절박했던 그러나 소중한 삶의 가르침이 담겨 있었습니다. 집은 사회와 살이 맞닿는 학교였으니까요.

아파트 불패신화가 서서히 힘을 잃어가고 있습니다. 사람의 가치에 눈을 돌리고 있는 문화가 형성되고 있기 때문입니다. 사람이 중심이 되는 가치시대에는 집이 부동산 가치로 대체될 수 없습니다. 좋은 집은 사람을 살리고 사회를 이롭게 하는 기초가 됩니다.

집은 집이어야 합니다. 사람이 사는 집만큼은 사람을 위해 존재해야 합니다. 이제 진중하게 집을 바라볼 때가 되었습니다. 사람을 뺀 모든 생명들은 자연이 곧 집이요, 집이 곧 자연임을 망각하지 않으며 자연을 내몰지 않고 살아갑니다. 유일하게 사람만이 단절되고 폐쇄된 공간의 집을 만들어냅니다. 꿈을 생산하는 집이 부동산 가치로 평가절하되어서는 절대 안 됩니다. 봄볕 따뜻한 사람의 집, 사람을 살리는 집, 꿈을 그리는 집을 그려봅니다.

지식인적 예술가와 예술가적 지식인
도시는 인텔리겐차를 원한다

이 시대는 예술분야뿐 아니라
정치, 사회, 경제, 문화 등
사회의 기초구조 차원에서도
'큰바위 얼굴'이 그리운 사회가 되었습니다.
우리는 비탈에 서서 표정만 관리하는
'비탈문화'에 살고 있는 게 아닐까 생각해봅니다.

도시가 더욱 영리해지고 세분화되어가고 있음을 요즘 피부로 느낍니다. 치명적 오류가 있는가 하면 생산적 포지티브도 존재합니다.

도시는 혁신의 엔진이다. 가장 영리하고 야심만만한 사람들이
도시로 몰려들기 때문이다. 도시를 콘크리트 빌딩숲으로 봐서는
곤란하다. 도시는 사람의 살(Flesh)로 빚어졌다. 사람과 기업들이
한곳에 모여 협업하는 사이, 창조적인 아이디어가 샘솟고
이것이 새로운 산업을 발생시켜 경제성장을 이끌기 때문이다.

하버드대학 에드워드 글리저 교수는 이렇게 역설했습니다.

도시를 한 발자국도 떠나지 못하면서 많은 불평을 해왔던 나는 과연 이 도시를 위해 무엇을 했는지 반문했습니다. 답은 간단합니다. 공헌한 게 없다는 것입니다. 그러면서도 도시에 기대 적당히 타협하고, 적당히 보호받고, 적당히 외롭지 않게 은근히 도시를 팔며 비비고 살았던 건 아닌가 생각하니 부끄러웠습니다.

도시에서의 치명적 오류란 과도한 상대적 격차와 경쟁구도, 인간 존엄성의 가벼움에서 오는 상실이라고 말할 수 있습니다. 음과 양이 서로 상대적으로 존재하는 자석원리처럼 도시 역시 오류와 정류가 같이 존재하는 모양입니다. 그래서 도시는 오류를 최소화하기 위해 많은 인텔리겐차를 필요로 하고 있습니다. 1860년대 러시아에서는 상위교육을 받은 사람들 중 자각적 엘리트들을 일컬어 '인텔리겐차'로 지칭했습니다. 고질화된 질서나 행태에 비판적이고 도전적인 사람들이지요.

사회학자 앨빈 굴드너는 두 가지의 엘리트가 존재한다고 말했습니다. 전문성, 기술에 기반을 둬 현실을 부단히 개혁하면서 기존의 사회

적 질서를 바꾸려는 인텔리겐차와 정치적인 인텔리겐차로 나누어진다고 말합니다. 이 두 가지에 분명한 메시지는 혁신적인 자세, 이해관계와 무관한 봉사 그리고 인격의 독립성일 것입니다.

격변하는 시대상황 속에서 인텔리겐차들은 고정관념에 대항해 진정한 불빛을 냈습니다. 오늘날 디자이너들은 인텔리겐차의 대의적 범주에서 어떻게 존재해야 할까요?

물론 예술과 디자인은 역사를 뒤집어보더라도 그렇고 그 장대한 서사를 통해 "작가의 의지를 객관화하거나 또는 대상의지를 불러일으키거나 일깨우는 일을 담당했을 뿐 아니라 작가의지에 관한 다양한 견해의 역사"라고 미국의 소설가이자 평론가인 수전 손택은 기술합니다.

그의 예술론은 '투명성(Transparency)'을 강조합니다. 이는 풍요와 무절제에서 비롯된 혼잡과 불합리와 싸워야 하는 현사회의 편견과 예술해석이 서로 근사점을 가지고 있다는 이유입니다. 그녀가 세계를 향해 역설의 도를 늦추지 않는 것은, 그동안 우리가 예술이라는 크나큰 카테고리를 설정하고 예술 기득권자들이 얼마나 편리하게 그것을 해석하고 이용했는지 일침을 가하고 있음을 짐작할 수 있습니다.

칸딘스키는 일찍이 "색채의 생명을 이루고 있는 내적 음향을 없애버리는 것, 예술가의 힘을 무산시키는 것이 곧 예술을 위한 예술"이라고 역설했습니다. 이를 통해 작가들이 자기능력과 창조력에 대한 보답으로 야망과 탐욕을 만족시키고, 서로의 유대보다는 재물을 위한 투쟁에 몸을 던지고 있다고 지적했습니다. 과잉경쟁과 과잉생산, 그 안에 당파와 질투, 음모로 뒤덮인 물질주의를 경고했습니다. 칸딘스키는 이를 통해 대중이 물질주의 예술가들, 즉 인생목적을 오로지 예술에서 찾으려 하는 예술가를 외면할지도 모른다고 경고합니다.

2004년 1월 12일 홍콩의 세계적인 배우 매염방이 지병으로 죽고 장례식이 열렸습니다. 장례식 하루 전날부터 5000명이 넘는 팬들이 자리를 지키며 그녀의 죽음을 슬퍼했습니다. 그것은 매염방을 한 시대를 풍미한 연예인 그 이상으로 존경했던 국민들의 마음 때문입니다. 그녀는 인기로 얻은 재물을 사회에 환원했으며, 천안문 사태를 주도한 중국의 민주화 인사들에게 자금적 지원을 아끼지 않았습니다.

중국의 예술가 아이웨이웨이를 모르는 사람이 없을 것입니다. 그는 예술가지만 '문화투사'로도 유명합니다. 중국의 전통을 재해석해서 폭발적 이슈를 만들어내는 그는 서방뿐 아니라 중국정부에도 대립되는 예술적 표현을 멈추지 않고 있습니다. 아이웨이웨이는 2008년 베이징올림픽 때, 독학으로 공부해서 '베이징 국립경기장'을 디자인했지만 초청받지 못했습니다. 거기에다 26억 원의 보복성 세금을 추징당했습니다. 중국국민은 이에 대응해 작가 대신 세금을 내주자는 모금운동을 일으켰습니다.

우리는 칸딘스키예술의 정신적인 숭고한 면이나 수전 손택의 투명성 예술론, 시퍼런 강제역사 앞에 반기를 내리지 않고 민중과 자신을 향해 제사를 올리라 주장했던 동학의 큰별 최시형 선생과 같은 분들을 인텔리겐차라고 명명할 수 있을 것입니다.

어쩌면 우리는 80년 전에 이미 칸딘스키가 역설한 '예술을 위한 예술'을 '디자인을 위한 디자인'으로 받아들여 디자인을 대단한 것의 모체인 양 치장해온 것은 아닐까요? 권위주의와 우월주의에 빠져 있었기에 국제시장에서 많은 패배를 당한 것은 아니었을까 생각해봅니다.

정직한 사회의 뒷다리를 걸고 아름다운 질서를 무너뜨리는 정치예술가, 학벌 하나로 평생을 보장받는 학벌예술가, 대기업의 상업욕구에 맞춰 타워팰리스 같은 작품을 만들어내는 실명없는 마당쇠예술가 등. 우리는 과연 이들을 인텔리겐차라고 말할 수 있을까요?

이 시대는 예술분야뿐 아니라 정치, 사회, 경제, 문화 등 사회기초의 구조차원에서도 '큰바위 얼굴'이 그리운 사회가 되었습니다. 우리는 비탈에 서서 표정만 관리하는 '비탈문화'에 살고 있는 게 아닐까 하는 생각을 해봅니다.

과연 우리는 예술의 장대한 역사처럼 예술가의 의지를 객관화하고 그 의지를 통해 역사로 만들 수는 없는 걸까요?

우리가 존재하는 이 땅에서 인간은 암세포이면서 발암물질이 된 지 오래입니다. 21세기 인구는 100억이라고 합니다. 지금 우리가 누리고 있는 끝없이 생산하고 소비하는 에너지 소비문명은 지속될 수 없으며 삶과 죽음을 관장하는 환경문제에 봉착할 수밖에 없습니다. 이러한 시나리오는 이미 20년 전부터 나타나는 징후를 통해 충분히 예측하고 있습니다.

반질거리고 매끄러워야 디자인의 산물인 양 소비자를 현혹하고, 손재주나 쇼맨십이 재물로 연결되는 것이 예술가나 디자이너의 길인 듯 고착화되어 있는 현 풍토에서 나 역시 자유로울 수 없습니다.

몇몇 선진국들은 인간의 환경과 디자인을 접목하는 연구를 수년간 해오면서 많은 성과를 내고 있습니다. 포츠담 지역의 과학적, 도시생태적 확장과 설계, 행정의지로 빚어낸 친환경 건축군, 생태건축의 고전이라 말할 수 있는 건축가, 마을주민이 공동설계한 독일의 유명한 킬 하세 생태주거단지, 미국 연방정부·의회·시민단체·건축계가 하나된 프로젝트와 지속가능성에 대한 입증, 지역사회와의 공감대, 감시자인 지역언론, 통계적 측정논리, 과학적 입증이 되어야 한다는 '미국 시애틀의 삶의 질 높이기 지표' 또한 우리가 꼭 눈여겨보아야 할 사례입니다.

여기에서 간과하지 말아야 할 공통점이 있습니다. 정직하고 논리적인 작은 제안으로 시작된 프로젝트가 시민과 관계기관의 관심을 얻어야 하며 모두 하나되어야 한다는 진리입니다. 미래를 내다보고 집안·건의하며, 지속 가능한 프로젝트에 모두의 목소리와 에너지를 모으고, 그것들이 현실화되도록 지켜나가는 초석이 되는 디자이너에게 소비자나 국민은 스스럼없이 '인텔리겐차'라는 또 다른 이름을 붙여 줄 것이라 믿어봅니다.

허무했던 화환문화의 변화

우리 문화에서 경조사 자리에
무엇인가를 보내는 것은
축하와 위로의 마음을 함께 전하는
역할을 하기에
멈출 수 없는 일이기도 합니다.
하지만 허무한 화환문화는
비즈니스와 화려한 겉치레의 도구로
사용되는 허례 치장물로 전락했습니다.

우리 화환문화는 주요행사에 등장하여 줄을 서는 화환! 화려한 꽃
장식만큼 아름답고 진중한 마음이 거기에 담겨 있을지 생각해봅니다.

결혼예식장, 장례식장, 모델하우스, 각종 기념행사장에서 쉽게 볼
수 있는 화려한 장식의 꽃바구니와 화환들. 그 숫자만큼 사회영향력
을 대변하는 표식으로 사용되고 있다는 생각은 누구나 가져봤을 겁니

다. 건설시장에서는 1년에 약 400호 정도의 모델하우스가 새롭게 건축됩니다. 여기에 보내지는 축하화환이 60억 원에 달한다니 분명 놀랄 일입니다.

나 역시 무심코 성의표시나 체면 때문에 전화 한 통으로 화환을 배달시키는 일이 많습니다. 필시 건설분야에서만 화환이 문제가 되는 것은 아니겠지요.

우리 문화에서 경조사 자리에 무엇인가를 보내는 것은 축하와 위로의 마음을 함께 전하는 역할을 하기에 멈출 수 없는 일이기도 합니다. 하지만 허무한 화환문화는 비즈니스와 화려한 겉치레의 도구로 사용되는 허례 치장물로 전락했습니다. 이 사회에 적지 않게 무력화된 나는 화환을 허례 치장물로 결론내리려고 합니다.

그렇게 본다면 어쩔 수 없이 호주머니를 강탈해가는 것 같은 무력감도 더해집니다. 화환문화로 야기되는 진실이 떡고물도 아니고 정성도 아니고 나눔도 아니라면 그것의 정체는 과연 무엇일까요? 흔히들 말하는 비즈니스의 산물이라면 더 슬퍼질 수밖에 없습니다.

광고효과나 체면효과가 상대방의 마음을 동요시키지 못한다면 무효일 수밖에 없습니다. 이러한 사실은 비즈니스맨이면 누구나 아는 마케팅 원칙입니다. 고객감동을 내걸고 쉴 틈없이 뛰는 세계 속 우리의 기업들이 화환문화의 허식을 알면서도 왜 덮어서 뭉개는지 알 수 없습니다.

어느 날 의식의 혁명이라 말할 수 있는 아름다운 변화가 시작되고 있음을 알았습니다. 7,000여 주택건설사를 회원으로 보유하고 있는 대한주택건설협회는 앞으로 전국건설 모델하우스에 보내는 화환 대신 쌀과 라면 그리고 화환비를 성금으로 보내자고 계획했습니다. 그리고 바로 실행에 옮겼습니다. 건설단체가 매년 60억씩 사라지는 돈을 굶주리고 헐벗은 이웃에게 나눠준다니, 이는 마치 장마 끝에 오는 햇볕 같은 따뜻한 이야기가 아닐 수 없습니다.

우리사회가 목말라하는 정情문화와 감동, 그것과 더불어 건축되는 모델하우스에는 화환 대신 공동으로 대형 현수막을 만들어서 그 기업의 이름과 지원내용을 언급했습니다. 사회공헌이나 불우이웃돕기에 앞장서는 기업을 칭찬하는 시스템으로 운영될 예정이라니 일석이조의 효과를 얻을 수 있는 무조건 칭찬하고 협조해야 할 일입니다.

이 사업으로 396개 사회복지관에 등록된 300만 명의 불우이웃들이 적어도 1년에 한 번씩은 도움을 받을 수 있다고 합니다. 화환 대신받은 우리 농산물과 지원금을 복지재단이 모아서 모델하우스가 건립된 지역복지재단에 전달하는 형태로 운영된다니, 이것은 우리사회가 가치 있는 형태로 변모해가는 시금석이 될 것이기에 반갑기 그지없습니다.

기부문화에 익숙하지 않은 우리 사회가 어차피 쓰이는 화환비를 건설과 사회복지의 관계로 바꿨습니다. 이런 용기 있는 행동이 하나의 아이템(화환)을 가지고 이렇게 달라질 수 있다는 가능성을 보여줬습니다.

선진외국에서는 기업의 사회적 책임에 대한 인식의 확산으로 소비자의 권익향상 차원에서 다양한 환원방식을 도입하고 있습니다. 사회적 책임을 넘어 사회참여로 이어지면서 밀착된 방식을 취하는 단계에 와 있습니다. 우리도 기부문화 인식이 많이 나아지고 있지만 여전히 부정적입니다. 그래서 이런 화환문화의 변화는 더욱 빛을 발합니다. 나도 재단에 참여하게 되었고 혁신적 시도에 박수를 보내게 되었습니다.

지역 캐릭터가 그곳의 정체성과 독창적 이미지를 알리는
종합적이고 체계적인 마케팅 홍보시설물로 재정비될 때
Well-Being, Well-Looking이 있는 그야말로
다시 가고 싶은, 마음속의 고향을 찾는 이상적 지역이
될 수 있으리라 확신합니다.

제4장

지방자치제에서 디자인은 무엇인가

LED조명과 우아함의 조건

도시 옥외광고와 공공조명, 경관에 있어서
조명의 색깔과 지역성, 빛의 양, 동작 유무의
절대적 규제법과 조례는 지자체 품위평가의
척도가 되었습니다.

요즘 도시에서 '밤하늘'이라는 말이 어색하게 들릴 때가 있습니다. 밤하늘은 꿈과 이야기, 우주와 상상이 담긴 공간이며 낮과 대비한 음의 존재, 그리고 흔히들 생명과 영원을 노래하는 무한공간에 비유하기도 합니다.

그런 밤하늘, 특히 별이 초롱초롱 빛나는 밤하늘은 도시에서 점점 보기 어려워졌습니다. 바로 야간조명 때문입니다. 그것은 우리에게서 밤하늘을 바라보게 할 권리조차 앗아갔습니다. 조명공해로 인한 피해가 우리 주변에 가까이 와 닿을 정도로 심각해지고 있다는 보고를 언론을 통해 자주 접하고 있습니다.

시골깡촌에서 어린시절을 보낸 나는 밤하늘의 별을, 여전히 무서운 어둠을 지키는 천사들의 눈빛으로 기억하고 있습니다. 몽골여행 때 만난 까만 밤하늘에 총총히 박힌 그 수많은 별빛을 아직도 잊을 수 없습니다. 그것은 검고 어두운 밤에만 신기루처럼 나타나는 대자연의 선물인 것입니다.

우리나라에서 야간조명이 도시에 파급된 것은 1900년 종로에 가로등이 설치되면서였습니다. 도시에서의 조명은 시민의 안전한 활동을 위해, 그리고 경관차원에서 없어서는 안 될 필수요소임은 분명합니다. 그러나 그 수요가 사람들 욕망의 기대치와 비례하면서 이제 증폭을 넘어 폭발단계에까지 이르렀습니다. 에너지소모, 야간 생태환경의 훼손, 수면권리의 침해, 눈부심이 주는 교통사고의 유발, 시각적 피로도의 증가는 이제 도시에서 역기능으로 자리잡은 지 오래되었습니다.

바야흐로 조명을 단 지 채 10년도 안 되는 사이에 LED(발광다이오드, Light-Emitting Diode) 시스템이 도입되면서 불난 집에 기름을 부어대듯 현란함의 극치를 보여주고 있습니다. 옥외광고물이 순식간에 총천연색으로 교체되면서 도시는 사실상 홍등가 수준의 총천연색 도시로 변화되었습니다.

80년대 네온튜브가 도시를 자극한 이후 더 스마트한 LED는 10배 이상의 명시성明視性에 맞추어 야간조명 효과를 주고 있어 실제로 그 정도는 아니라 할지라도 정말 대단한 위력이지 않습니까.

이미 수년 전부터 다른 나라들의 조명실태에 관련하여 기존에 '빛공해방지법'을 도입하거나 도입단계의 연구과정에 있는 자료들을 훑어보고 있습니다. 그 중에서 미국이 가장 강력한 '빛공해방지법'에 대한 논의가 이루어지고 있거나 법적으로 잘 적용하고 있습니다. 애리조나 주의 법제정과 캘리포니아 주에서 제정된 법을 기준한 조명구역관리시스템(Lighting Zone System)은 한번 눈여겨봐야 할 사항입니다.

일본, 영국, 이탈리아 등에도 있고 15년 동안 3번의 법제정을 거쳐 정교한 '빛공해방지법'을 만든 호주의 경우도 눈여겨봐야 합니다. 2003년 켈리포니아 에너지위원회는 옥외조명을 'Lighting Zone' 법제에 따라 기준을 마련하고 있는데 야생지역, 공원지역, 전원지역과 도시지역을 구분하고 있습니다.

야생보호지역과 공원여가지역은 Lighting Zone 1, 전원 및 교외지역은 Lighting Zone 2, 도시지역은 Lighting Zone 3, 특별지역은 Lighting Zone 4로 구별하여 관리하고 있습니다. 이 사례는 지방정부의 판단에 따라 조도의 조정, 조명시간을 제한함으로써 에너지효율 극대화와 시각공해 최소화로 확실한 효과를 보고 있습니다.

광다이오드(LED)란 갈륨비소 등의 화합물에 전류를 흘려 빛을 발산하는 혁신적 반도체소자로 1968년 미국에서 처음 적색 LED가 개발된 이후 황색, 녹색, 청색, 백색 LED가 개발되면서 지금에 이르고 있습니다.

조명은 물론 TV, 신호등, 디스플레이 화면에 사용되면서 산업전반과 에너지 세이빙 차원에서 중요한 빛의 혁명이 일어났습니다. 이제 LED는 없어서는 안 될 도시 및 산업요소의 절대적인 요소로 작용하고 있습니다.

인류는 문명의 이기를 혁신적으로 추가하면서 미처 챙기지 못한 역기능의 우려에 대한 목소리를 높이고 있고 우리는 그 예를 도시조명을 통해 보고 있습니다. 스마트한 도시에 스마트한 LED가 조명을 대신하며 전기료의 절감효과를 줄 수도 있지만, 상대적으로 이를 남발할 경우에는 사용량 과다현상으로 시각과 빛 공해라는 또 하나의 불명예 요소도 동반하게 됩니다.

도시를 발광發光시키는 조명이 아니라 발광發狂 수준에 와 있는 이 시대, 사람들은 LED조명을 도시분출의 통로인 양 바라보고 있습니다. 과거 조용한 빛을 보면서 낭만을 꿈꾸던 행복을 빼앗고, 공격적으로 도시 한가운데를 가르는 LED빛에 황홀한듯 부나비처럼 모여드는 장면을 보며 서글픔이 앞을 가립니다. LED의 장점을 이용한 체계적 도시계획과 환경관리 차원의 경관디자인은 도시조명에 생명력을 불어넣고도 남습니다. 왜냐면 어둠에서의 빛은 영혼이고 절대적인 에너지이기 때문입니다.

빛은 겸손하고 품위있게 도시에 존재해야 합니다. 아울러 대상을 밝히는 도구 이상이 되어서는 안 됩니다. 여과되지 않고 직광直光이 되어 박혀 오는 빛은 시야를 가려, 오히려 진정 바라봐야 할 대상을 보지 못하게 막습니다. 그래서 빛이 없는 것보다 못한 도시를 만들어 냅니다. 서울뿐 아니라 수많은 중소도시들이 이와 같은 실정입니다.

다른 나라들에서는 강력한 법제정과 통제로 시민과 관광객들의 시각 피로도를 줄여주고 있습니다. LED가, 조명은 스마트한 만큼 기대도 매우 큽니다. 완벽한 자체 조절능력을 지니고 있기 때문입니다. 형태를 드러내고 존재가치를 높이는 LED조명 시대풍속을 기대하고 싶습니다.

이제 우리 지자체는 야간의 품위를 지킬 것인가, 천박한 빛의 세계로 회귀할 것인가, 그 귀로에 서 있습니다. 도시 옥외광고와 공공조명, 경관에 있어서 조명의 색깔과 지역성, 빛의 양, 동작 유무의 절대적 규제법과 조례는 지자체 품위평가의 척도가 되었습니다.

잔불 하나에도 감사해하던 시대가 있었습니다. 밤하늘에 수없이 떠 있던 별빛이 지금도 가슴에 아련한 추억으로 자리잡고 있으매 그 마음속에 간직된 빛에 고마움을 느낍니다. 아버지의 큰 어깨 뒤로 비추던 달빛도 아버지의 고달픈 삶의 무게를 가늠하게 했던 윤곽에 대한 기억을 남겨주었습니다. 그것은 빛이 얼마나 고혹적일 수 있는가, 그 우아함에 대해 알게 해준 아름다운 추억이었습니다. 강렬한 햇빛은 어둠을 삼켜버리지만 달빛은 조용히 어둠을 밝히기 때문입니다.

국민고향 하나쯤은 남겨두지요!
하동 근대캠퍼스 슬로시티 이야기

이제 도시 공공디자인은 지역정체성을 빼고
생각할 수 없게 되었습니다.
도시 공공디자인에서 지자체의 정체성 요소는
지자체마다 차별화를 위해
매우 중요한 자원으로 활용되고 있으니
더욱 그렇습니다.

국민배우와 국민가수는 있는데 국민고향은 없습니다. 그렇다면 국민고향 하나쯤 만들면 어떨까요. 하동에 가면 '하동다움'이라는 용어를 공직자들뿐 아니라 하동사람 누구든 통용하고 있다는 것에 적지 않게 놀라게 됩니다. 물론 요즘 몇 년째 불고 있는 도시개발과 도시디자인에 대하여 하동사람이 그 정도로 이해의 폭을 가지고 있다는 이야기입니다.

유독 하동을 사랑하는 관계로 '하동다움'이란 말을 듣기만 해도 무척 반갑고 행복한 일입니다. 동사 '답다'에는 매력적인 자기만의 개성을 가지고 있다는, 자기고집을 가지고 있다는 내면의 뜻을 담고 있습니다. 그렇게 '하동다움'은 내게 그리움 같은 것이 되었습니다.

내 가슴의 하동은 전국에 있는 우리나라 도시를 통틀어 매력만점의 최고도시로 자리잡은 지 오래되었습니다. 바로 그 '하동다움', '국민고향다움' 때문에 하동을 사랑하게 되었으니까요.

하동의 하동다움은 한마디로 딱 잘라 말할 수 없지만 꿈에 문득 나타난 아련한 어머니의 나라 같은, 그래서 바다의 큰바람과 밀물과 민물의 교배, 처연한 섬진강의 노을빛과 무쇠처럼 머쓱한 지리산의 연민한 영혼, 전라도와 경상도를 서로 안고 노도의 세월을 위로하며 질펀한 우정을 나누어온 화계 땅, 눈물겨운 어머니가 친정 나들이가는 벚꽃길, 그리고 쓸쓸한 적요…… 박경리의 '토지' 향기가 거기에 있기 때문입니다.

그렇기에 하동다움을 지우는 일은 가슴에 묻어둔 어머니 흔적을 지우는 것과 같습니다. 어머니는 번쩍이는 도시의 날카로움으로 대변할 수 없는 영혼의 고향이기 때문입니다. 어떤 도시학자는 다음과 같이 말했습니다.

역사와 문화에서 오는 흔적들은 그 도시의 아름다운 인상요소다.
친구의 우정이나 형제관계처럼 익숙한 미래다.

흔적을 지우기는 매우 쉽지만 되돌리는 데는 수천 배 노력이 필요하다는 말입니다. 노력해서 되돌릴 수 있는 것도 한계가 있고 노력하다가 많은 것을 잃기도 합니다.

몇해 전 방송국 모 프로그램에서 서울시가 추진한 도시디자인을 학생과 전문가들이 비판하는 내용을 다뤘습니다. 만 4년 만에 빠른 속도로 변화시키며 매력적인 도시로 만들었다는 서울시의 발표에 대해 정면으로 대응하는 내용입니다.

수조 원의 예산을 투입하여 변화는 가져왔지만 '서울다움'이 없다는 것이 핵심이었습니다. 지역의 정체성을 보여주는 흔적들을 살리지 못하고, 오히려 비우고 덮어 표면만 매끄럽게 포장하는 데 치중했다는 것입니다. 이러한 현상에 대해서는 이미 많은 전문가들이 이구동성으로 입을 모아 얘기해오던 말입니다.

지자체시대를 살아가는 우리는 지방자치단체의 행정·환경 등의 영향을 받습니다. 그 중에서도 각기 다른 지자체의 정체성을 나타내기 위한 도시 공공디자인 정책은 매우 중요한 요소입니다. 그것은 '정체성다움'의 확보 유무를 결정짓고 본질적으로 지자체의 가시적 효과를 나타내는 요소이기 때문입니다.

이미 지자체는 고유도시가 가진 인문학적 자원인 사회, 역사, 문화, 경제적 배경을 토대로 타지역과 차별화될 수 있는 요소가 무엇인지, 이를 찾는 데 주력하고 있습니다. 지자체 간에 도시의 정체성을 나타내는 요소를 두고 서로의 갈등과 대립도 불사합니다. 그 이유는 지자체의 '정체성다움' 요소는 절대적 경쟁요소이기 때문입니다.

인간은 도시에서 주변의 물리적 환경과의 관계를 적절하게 유지하며 살아왔습니다. 지역과 인종을 불문하고 공공 공간을 함께 이용한다는 차원에서 아무리 민족적, 사회적 배경이 다르더라도 그 영향권 하에 있다는 점은 부인할 수 없는 숙명입니다.

도시는 시민이 삶을 영위하는 장소입니다. 우리 소시민들은 법과 질서라는 사회규제와 통념 속에서 균형을 이루며 살고 있습니다. 농경사회와 산업도시사회 그리고 정보화 도시사회를 거치면서 공공적 환경은 시민들의 의식이 높아짐에 따라 점차 더 중요한 요소로 보이게 되었습니다. 이제 지방자치시대가 열리고 중앙집권적 권력형 정치 구도에서 벗어나 지방자치의 자율적 여건이 주어지고 있습니다.

지자체만의 정체성 요소를 타지역도 발현시킬 수 있는 동시적 시점에서는 더욱 공공적, 심미적 질서를 부여하는 것이 중요해질 수밖에 없습니다. 공공디자인과 관련된 사적인 영역에서는 소비자의 선택에 따라 디자인이 선택되고 이용되기에 경쟁을 통한 디자인 수준이 높을 수 있지만, 공적 영역의 디자인은 지자체 공무원에 의해 행정적으로 선택되기 때문에 국민의 의사와는 관계없는 디자인이 양산되었습니다.

이제 도시 공공디자인은 지역정체성을 빼고 생각할 수 없게 되었습니다. 도시 공공디자인에서 지자체의 정체성 요소는 지자체마다 차별화를 위해 매우 중요한 자원으로 활용되고 있으니 더욱 그렇습니다. 각 지자체가 역사, 문화적 배경이 되는 이러한 지역 정체성을 어떻게 해석하고 적용하고 있는지에 대한 분석이 필요한 시점입니다.

문화에 앞서 산업에 더 치중하고, 자연환경보다는 문명을 더 앞세우고, 정신적 가치보다는 물질적 가치에 무게를 실어주고, 시민의 감성과 쾌적성보다 결과위주로 치중해온 20세기에는 성장주도형의 도시현상들이 우위를 점했습니다. 21세기에 들어서서 도시와 지자체, 도시 공공디자인과 지역정체성은 상호밀접한 관계를 맺고 변화에 대한 기대에 맞게 개발되고 적용되어야 한다는 인식을 함께하는 공감의 시기입니다.

도시의 가시적 환경과 공공디자인은 시민으로 하여금 정체성과 그에 따른 기준이 되는 시민의식에 크게 기여합니다. 시민으로 하여금 지역에 대한 자긍심이나 미래비전까지도 느끼게 하는 요소가 됩니다. 그러나 지자체의 태도와 정책적 사고에 따라 규모, 수량, 색채, 질감, 배치, 디자인 등의 표현이 통합적이기보다는 오히려 혼란을 가중시켜 매우 안타깝기도 합니다. 도시 공공디자인은 공공적 객관성을 확보해야 하며 더 나아가서는 도덕적 책임문제로까지 확대될 수 있는 예민한 요소임에는 틀림없습니다.

서울시는 막대한 예산을 들여 전문가를 디자인 행정책임자로 세우고 디자인 총괄본부를 운영하는 등 선진국 수준의 심의와 감독을 통해 계획과 시설들을 설치 수행했습니다. 그러한 노력에도 불구하고 서울시 각 지자체의 지역정체성을 가미한 도시공공디자인의 적용 및 활용은 한계를 경험할 수밖에 없었습니다. 그것은 그만큼 지역정체성이 인문학적 태도와 맞물려 모두의 공감을 얻어내기 쉽지 않다는 것을 말해주는 대목입니다.

하동도 여기에서 자유로울 수 없는 현실에 처해 있습니다. 타 지자체보다 많은 장점을 지녔고 노력의 흔적도 있지만 장식적이거나 너무 치장에만 매달린 결과물들이 적지 않게 산재해 있기 때문입니다. 생태, 환경과 문화적 박물관으로서 자리매김하기 위한 슬로시티와 근대캔버스시티로 가는 하동, 온건함과 창조성이 발현되는 도시 하동을 생각해봅니다.

하동은 크게 두 가지 과제가 남아 있다고 감히 생각합니다.
하나는 디자인과 지역정체성 차원에서 훼손된 문화를
다시 되돌려놓아야 할 것들이고,
또 하나는 하동답게 창조되어야 한다는 점입니다.
하동은 지문학地文學과 인문학人文學이 공존하는
독특한 버내큘러Vernacular를 형성하고 있기 때문입니다.

지리산과 섬진강, 남해의 환경조건과 더불어 독특한 문화형성을 이루어내고 수천 년의 흔적이 고스란히 중첩되어 전형적 전원과 산촌, 어촌이 동시에 존재하는 이 시대 매력적 근간을 가지고 있는 도시가 그리 흔치 않기 때문입니다. 그러므로 하동은 도시와 농·산·어촌이 조화발전을 이루어야 합니다. 그러기에 더 전문적이며 신중한 개발이 요구되는 운명을 가진 도시일지도 모릅니다.

매끄러운 대도시 답습은 금물입니다. 이제는 빠름과 느림이 공존하는 도시모델을 선보일 때가 되었습니다. 생태정책과 철학이 강한 지자체, 문화흔적이 아름다운 지자체로서 하동을 구상하는 일입니다. 이미 하동은 슬로시티 지정도시로서 적지 않은 에너지를 쏟고 있는 것으로 알고 있습니다. 이것은 생태와 문화적 관점에서 도시를 다시 보자는 사회적 합의가 내재되어 있는 칭호이기도 합니다.

독일인들은 통독 이후에 가슴 아픈 상징물인 베를린장벽을 일부 허물지 않고 도시 한복판에 존치시켜 두었습니다. 독일사람들뿐 아니라 다른 나라 사람들에게도 역사의 애잔한 흔적과 귀감을 주기 위해 비극적 역사 또한 적극 활용하고 있는 것입니다.

우리나라도 섬진강, 경전선, 평사리 문화권, 재래시장, 화개장터 등의 과거 흔적을 추억의 정서로 되돌렸으면 하는 생각을 해봅니다. 그러나 주민과 상인의 정서를 무시할 수는 없는 일입니다. 누구랍시고 나타나서는 책임없는 조언과 방향을 제시하는 이들도 많아서 조심스러워집니다. 다만 생산성 있는 향수어린 흔적으로 재구성해야 한다는 것은 당연한 일입니다. 무조건 되돌리는 게 아니라 매력요소를 가미하고, 이용과 접근의 편리성, 심미성, 진중성, 지속성을 가하자는 것입니다. 근대문화의 캔버스 위에 재구성된 진정한 문화와 삶의 휴먼에콜로지(Human Ecology 인간생태학) 같은 거추장스러운 표식형, 구호형, '세계 속의 ㅇㅇ'말고도 시시각각 눈에 띄는 사인물만 잘 다뤄도 굉장히 매력적인 도시로 부각되지 않을까요. 슬로시티, 근대캔버스의 맥락성은 이미 타도시의 추종을 불허하는 지문과 인문학적 차원의 하동다움을 보여주기에 충분하기 때문입니다.

우리나라 재래시장은 근대화와 현대화 과정에 가장 적응하지 못한 비애의 요소로 남아 있습니다. 시장의 기능이 대형마트, 동네 슈퍼마켓의 구매력을 뛰어넘지 못한다면 재래시장이 생존하기에는 어려운 현실입니다. 막연한 시장현대화는 오히려 억지스럽고 어색한 분위기마저 연출하여 시장에서 경쟁력을 잃어가는 사례들이 많습니다. 이 모두 소프트웨어보다는 하드웨어로 문제를 해결하려 하기 때문입니다.

어설픈 치장이나 비막이 돔, 어색한 사인물 등 어디에 적용해도 문제가 되지 않는 시설만 내세우는 현대화는 결코 성공할 수 없습니다. 대형마트에 대적할 수 없다면 다른 길을 택하는 것도 하나의 방법입니다.

과거로 되돌리는 디자인과 추억산업은 좋은 본보기입니다. 이런 식으로 접근하면 마트에 대응하는 재래시장에 발길을 돌릴 수 있지 않을까 생각합니다. 정과 나눔, 질펀함과 허허로움, 에누리와 인심이 경쟁력이 되는 일, 재래시장의 디자인은 멀리 있는 것이 아니라 생각에 따라서 가까이에 있을 수 있다는 생각을 해봅니다.

악양면에 근·현대 문학의 정수를 보여주는 박경리 소설《토지》의 무대가 된 최참판댁 등 주위시설은 매우 관심을 끌만한 요소입니다. 지식재능기부 '팀 10그룹' 하동투어에서 작가 한젬마의 〈토지 아트비엔날레〉 제안은 예술과 시대와 지역을 엮는 중요한 단서가 될 가능성이 있습니다. 랜드아트, 환경예술 등 주로 흙과 땅에서 나는 재료로 한정해서 토지 아트비엔날레를 제정하는 일이었습니다. 그것은 구호가 화려한 타지자체의 집객 이벤트보다 하동을 더 하동답게 창조하는 방향모색이라고 생각한 적이 있습니다.

도시는 의도적인 변화에 한계가 있습니다. 하동 스스로가 가진 에너지 요소를 십분 이용하여 잘 다룰 수 있는 익숙한 미래를 만들어가는 일이 하동다움이 아닐까 생각합니다.

경전선은 경상도와 전라도를 달리던 철길이었습니다. 이것은 하동을 통과하는 폐철도입니다. 화개장터처럼 경상도, 전라도의 접점 이미지를 나타내주는 근대문화를 상징하는 자원으로 남았습니다. 폐철도를 활용하는 재사용 프로젝트가 수도 없이 많은 것을 보면 상당히 매력 있는 자원가치가 높은 자원임에는 틀림없습니다.

경춘선을 이용한 관광레일을 만들겠다는 발표가 있었습니다. 단순한 관광레일로 사용하겠다는 것이 아니라 중간마다 도시, 숲, 갤러리 등 매력요소를 접목하겠다는 것이 주요 내용이었습니다.

이러한 활용사례로 보아 무조건 없애는 것이 능사가 아니라 폐경전선도 하동시장과 섬진강철교, 광양으로 이어지는 문화 및 환경레일로서의 역할을 기대할 수도 있습니다. 철교의 형태, 색채는 일부만 안전 차원에서 변경하고 추억의 모습 그대로 유지하는 것이 관건이겠지요. 경상도와 전라도를 잇는 문화카페 등 스토리가 있는 문화공간으로 활용하는 일도 재미있어 보입니다.

갈사만 해양조선공업단지 프로젝트가 진행되었습니다. 지역민과 지자체의 염원이기는 하지만 당장의 빵을 위해 인문학과 지문학의 숙고없이 이 거대한 프로젝트가 완성된다면 누구도 흉내낼 수 없는 아름다운 하동다움은 발광다이오드 도시로 전락할 가능성이 있습니다. 경제적 수준은 올라가지만 문화색과 지역색이 제거된 또 다른 슬픈 공업도시가 탄생될 수도 있기 때문입니다.

재능기부 프로젝트 '팀 10그룹' 하동컨설팅 중에 만난 하동의 지자체장과 실무공무원들의 조화로운 운영체계 그리고 하동도시를 보는 안목과 태도에 적지 않게 감동한 적이 있습니다. 하동다움에는 하동사람들의 태도와 열정도 포함되고 있음을 깨달았기 때문입니다. 그 이후로 더욱 하동을 사랑하는 사람이 되었습니다.

공무원 한 사람의 의식문제가 요코하마를 세계 최고의 공공디자인 도시로 바꾼 사례를 보더라도 생각의 차이가 곧 미래라는 의식을 가져야 한다는 점을 시사하고 있습니다. 생산과 지역의 경제가 보장되는 어느 도시도 흉내 못 낼 근대캔버스, 익숙한 미래인 하동이 탄생하리라 믿어봅니다. 오늘도 나는 카메라 하나 메고 하동 가는 버스를 타고 말았습니다.

담양에서는 길을 묻지 않는다

마을 할머니들과 진행되는
동네방네 미술관 프로젝트는
향교리와 미술관의 향토적 관계를 보여주는
아름다운 예술마을 성공사례입니다.
대담 미술관은 마을사람들과 같이 가는
미술관으로 실천되고 있습니다.

한식구 한솥밥 끓이며 살자는데
우리가 사는 길 여기 있는데
어디서 왔느냐고 어디로 가느냐고
이제 금강산은 길을 묻지 않는다.

중견시인 이근배님의 〈금강산은 길을 묻지 않는다〉의 시 부분입니다. 민족적 회한의 애잔함을 담은 종결 부분으로 "어디서 왔느냐고 어디로 가느냐고 이제 금강산은 길을 묻지 않는다." 이 부분은 용서와 화평, 수용과 표현, 나눔과 자유, 공감과 소통의 의미를 시적 표현에 담아 많은 이야기를 대신하고 있습니다.

담양은 길을 묻지 않고 직감만 가지고도 느티나무가 즐비한 천변 길쯤이나 메타세콰이어 길쯤은 금방 알아볼 수 있는 전형적 남도땅 지세 길입니다.

"한 식구 한솥밥 끓이며 살자는데 우리가 사는 길 여기 있는데……" 처럼 남도땅 어디인들 그렇지 않겠는가만 담양은 민족적 중첩이나 세월의 흔적이 도처에 있는 우리 모두의 고향 같은, 그래서 무순한 질박함이 사투리와 함께 공간을 채우는 하나의 테마파크입니다. 시간을 걸어온 사람에게는 목적형 길이 중요하지 않기 때문이겠지요.

담양은 어느 지자체나 일반적으로 진행되고 있는 프로젝트성이 가미된 도시형 공공디자인이나 천재작가의 공모형 작품으로 변화시키는 것은 매우 위험해보이는 배경을 안고 있다는 얘기입니다. 이미 담양은 변하지 말아야 할 것과 변해야 할 것이 정해져 있기도 합니다. 혁신적인 것이 모두에게 만족을 줄 것이라는 개발 포퓰리즘과는 뭔가 달리 해석돼야 합니다. 도시 전체가 박물관이 되는 지역고유의 문화, 건축유산, 생활방식, 자연환경 등을 그대로 보존계승하여 지역의 애

향심과 자긍심이 내재된 박물관이 과연 가능할까요. 이런 박물관에서는 의식 있는 주민이 직간접적으로 박물관 운영에 함께 참여하게 됩니다.

이 시점에서 저는 살아 있는 박물관으로 불리는 에코 뮤지엄(도시 전체를 하나의 박물관으로 보는 공동체 박물관)을 꿈꾸어 봅니다. '에코 뮤지엄Ecomuseum'이란 생태 및 주거환경을 뜻하는 '에코Eco'에 박물관이란 뜻의 '뮤지엄Museum'이 결합된 단어입니다. 주민의 행동과 생활 자체가 문화이며 살아 있는 볼거리가 되는, 그래서 더 매력적인 지역색을 보여주는 이 시대의 이상형 박물관이라 하겠지요.

움직이는 사람들, 근대와 전통가옥, 도로와 나무 한 그루에 이르기까지 이 모든 것이 박물관에 전시되어 있는 살아움직이는 유물인 셈입니다. 여기에 다채로운 문화경험을 할 수 있는 기회를 제공하여 타지역과 비교할 수 없는 경쟁력을 확보할 수 있게 됩니다. 인문학적 관점을 보다 반영한 높은 안목의 디자인 또한 필수적임을 알려드립니다.

에코뮤지엄이란 용어가 탄생하고 실제로 이를 활용하여 최초로 실천한 국가는 프랑스입니다. 전통가옥 대부분이 잘 보존된 프랑스의 브레스 부르기뇬 지역에서는 생태환경과 풍속까지 박물관 내로 흡수하게 되었고 그 가치를 유지하기 위해 강력한 지방조례를 만들어 지역주민의 참여를 끌어냈습니다. 주민은 체험 프로그램 운영과 박물관 관리의 주체가 되었고 이는 지역관광산업 및 소득과도 직결이 되었습니다.

2만 달러 소득시대에 사는 우리에게 독창적 개성이 무엇보다 중요한 키워드로 부상하고 있는 상황에서 지방의 문화와 유산, 자연환경을 있는 그대로 즐기고 이해하려는 에코투어리즘(생태관광 Eco-Tourism)이 절대적으로 필요한 요소가 되었습니다.

이미 진정한 문화유산으로 빛나는 담양의 생생한 아름다움을 그대로 그려내는 표본이 될 만한 사례를 소개하겠습니다. '함께 느껴요 Eco Life'라는 모토로 지방문화시대의 상징적 대안을 보여주고 있는 담양 대담미술관 이야기입니다.

광주교대교수이면서 대담미술관의 관장이기도 한 정희남 씨는 곧 담양의 소품과도 같습니다. 그녀가 담양에 있다면 이미 에코뮤지엄은 진행되고 있는 것이라고 직감적으로 알게 되었습니다. 정관장은 상투적 표현일지는 모르나 지방문화의 독립을 선언하며 "어렵게 문을 연 대담미술관과 지방미술관이 문화의 정거장역할을 담당해야 한다"고 말했습니다. 지역주민에게는 접하기 어려운 고급문화를 제공해주고, 담양을 찾는 대중에게는 이 지방의 특색 있는 문화를 보여줘야 한다는 것입니다. 담양의 정서를 담은 채 유유히 흐르는 관방천, 담양의 상징적 정원 죽록원, 토속적 향수를 듬뿍 담고 있는 향교리의 대담미술관이 바로 고급문화가 아닐까요.

이 미술관을 알기 전에는 마을입구에 담배가게와 마을회관의 작고 아름다운 간판들, 타일에 구워 만든 할머니, 할아버지들의 순박한 그림들이 내가 떠난 고향을 그리워하는 정서로 남아 있었습니다. 그런데 대담미술관을 접하며 다시 그 정서들이 살아나면서 그 뜻에 나도 모르게 동참하게 됩니다. 에코뮤지엄에 대한 현대적 해석이 감동으로 전해지는 일대 사건입니다. 이미 정희남 관장의 특별한 생각들은 지방미술관 개념과 접목하여 원활하게 진행되고 있음을 알게 되었습니다.

어느 날 도시에 번쩍거리는 스테인리스 펜스가 들어서고, 매끈한 아스팔트 거리로 채워지는 게 아니라 세월따라 변해가는 마을의 풍경 속에서 추억 같은 그리움이 이곳 담양에 고스란히 담기게 되겠지요.

마지막 남아 있는 남도적 정서와 근대 주거문화를 그대로 보여줄 아름다운 마을 향교리는 무엇이 달라도 다를 수밖에 없습니다. 굳이 담양을 묻지 않아도 이 마을을 방문하면 한눈에 알게 되는 이치입니다. 단 하나의 독특한 정서만으로도 그 지역 모두를 담아낼 수 있음을 보여주는 실질적 증거라 할 수 있습니다.

시인 도종환 선생이 그곳의 할머니, 할아버지 그림들을 보고 최고의 '그림 시詩'라고 말했습니다. 시를 꼭 글로만 쓰는 것이 아니라는 이야기겠지요. 지금의 대담미술관은 향교리 마을과 서로 예술적 감흥을 호흡하는 '동네방네미술관', '향교리예술마을' 프로젝트를 고집스럽게 계획하고 실천하여 결실을 맺고 있습니다.

마을노인들과 진행되는 동네방네미술관 프로젝트는 향교리와 미술관의 향토적 관계를 보여주는 아름다운 예술마을에 대한 성공적 사례입니다. 마을사람들과 같이 가는 미술관으로 실천되고 있습니다. 지속적으로 대를 이어가고 싶다는 그녀, 독립투사와 같은 정신으로 무장한 대단한 의식이 아니더라도 더불어 행복한 지방문화의 꽃이 되고 싶다는 그녀의 눈빛과 얼굴이 눈에 선합니다.

담양의 문화정거장에 도착한 나는 이제 길을 묻지 않아도 되는 행운을 얻었습니다. 이제 담양에서, 세계에서도 가장 뛰어난 '에코뮤지엄'을 미리 보았기 때문입니다. 단순히 사진만 찍는 관광지가 아니라 진정한 지방의 가치를 드높여 경제효과도 창출하는 미래형 박물관을 보았기 때문입니다. 과거를 복원하는 미래형 박물관을 위해 적극적으로 실천해나가는 담양군과 정희남 관장에게 진심어린 박수를 보냅니다.

싸이가 던진 한류 주사위와 강남스타일

숨막힐 듯한 도시의 획일성과
강화된 시민의식을 변화시키며
꼭 해내야 할 일은
컬처노믹스Culturenomics입니다.
이것은 문화를 집중시켜 고부가가치를 창출합니다.
도시경쟁력을 높여 경제적 풍요를 가져옵니다.
문화가 부족한 강남에서
강남도시에 대한 강렬한 인상을 앞당긴
싸이는 박씨를 물어다준 격입니다.

삼성은 애플을, 현대차는 혼다를, 싸이는 비버를 제쳤다.

토론토에서 발행되는 캐나다 최고 경제잡지인 격주간 〈캐내디언비즈니스〉가 '올해의 승자(Big Winner of 2012)'로 한국을 선정하면서 헤드라인에 붙인 말입니다.

"싸이는 강남스타일로 세계적인 아이돌스타 비버의 베이비 뮤직비디오를 제치고 유투브 조회수 역대 1위를 차지했으며 전 세계가 말춤에 열광케 만들었다"고 설명하고 있습니다.

반세기 전에는 외부원조를 받던 최빈국이었으나 2012년 국내총생산(GDP) 세계 15위로 단기간에 성장했고 "저가, 저품질의 모방자에서 이제 세계적인 자리에 올랐다"는 말도 덧붙이고 있습니다.

가수 싸이와 국가브랜드가 오버랩되면서 2012년은 행운처럼 '강남'이란 고유명사도 세계 속에 존재하게 되었습니다. 1963년 경기도에서 서울로 편입되며 강남역사가 시작되어 전국적인 부동산 가수요 현상이 일어났던 곳입니다. 결국 1968년 '부동산 투기억제에 관한 특별조치세법'을 발효시켰던 곳이 강남입니다. 또한 1973년 강남을 '개발촉진지구'로 지정해서 땅값 인상유도를 통해 서울시가 개발사업비를 충당했던 곳, 졸부와 복부인이 대거등장한 무대였던 곳, 1978년 압구정 H아파트 특혜분양으로 차관·국회의원·공무원 등 사회상류층 220명이 연루되었던 곳, 부동산과 사교육에서만큼은 '강남불패'라는 말이 생겨났던 곳……. 그래서 강남은 자본사회에서 어떻게 부가 형성되는지 그 과정을 여과없이 보여주어 세인들의 질시와 부러움을 동시에 샀던 독특한 도시가 되었습니다.

싸이의 〈강남스타일〉은 진지한 문학성(?)이 돋보이는 가사라기보다 매우 감각적인 속어들로 조합되어 있다는 인상을 받습니다. 싸이의 익살스러운 외형과 말과 행동이 매우 일치합니다. 바쁜 도시생활에 찌들고 경직되어 있는 사람들에게 적정한 일탈을 제공하는 대리만족의 효과를 주는 노래라는 생각이 들었습니다.

이 노래의 인기가 이렇게 폭발적일지 국내 관계자를 비롯 그 누구도 예상하지 못했습니다. 이렇듯 무형의 문화는 어느 순간 예상치 못한 에너지를 분출합니다. 정말 순간적으로 나타났다는 사실입니다. 10년을 홍보해야 효과가 있을까, 의문부호를 붙였던 일이 단 6개월 만에 '강남'이라는 고유명사가 만천하에 알려지게 되었습니다. 지자체로서는 천우신조로 보아야 합니다. 의도한 것은 아니었지만 결과적으로 싸이와 그의 소속사에게도 감사할 일입니다.

단체장은 물론 공직당사자들에게 '강남스타일'이 무엇이냐는 질문이 봇물처럼 터졌습니다. 물론 강남에만 해당되는 얘기는 아닙니다. 우리 지자체들은 자기 지방의 특색에 대해 단 한 단어, 한 문장으로 나타내기 참 어렵습니다. 경제적으로 산업화가 정착되기 이전인 60년대 빈곤기와 70, 80년대의 희망기를 거치는 과정에서 주로 농·어촌 특산물을 내세워 쉽게 그 도시의 인상을 결정지을 수 있는 시절도 있었습니다. 그러나 이제 일부 신도시를 빼고는 오히려 대도시의 개성적 인상은 대동소이大同小異해졌으며 행정차별화도 모호해졌습니다. 용적률과 건폐율(대지건물비율)만 존재하는 건축물들이 도시를 점령하고, 건축물과 녹지비율은 심한 불균형을 초래하고, 문화차별화에도 실패했습니다.

음식과 쇼핑으로 일관된 도시의 차별화는 어려울 수밖에 없습니다. 그러므로 강남구도 당황스러울 수밖에 없었던 것이지요. 사실 강남스타일이 무엇인지 자문해봐도 쉽게 떠오르지 않습니다. 그래서 저 또한 싸이의 '오빠 강남스타일'을 집중해 들여다봤습니다. 가사는 내용과 사연전달에 의미를 두었던 경제성장기의 시절과 달랐습니다. 말춤과 독특한 리듬에 가려 가사가 무엇을 전달하는 것인지 잘 읽히지 않았지만, 강남스타일은 그 안에 분명 존재하고 있었습니다.

> 낮에는 따사로운 인간적인 여자
> 커피 한 잔의 여유를 아는 품격 있는 여자
> 밤이 오면 심장이 뜨거워지는 여자
> 그런 반전 있는 여자
> 나는 사나이
> 낮에는 너만큼 따사로운 그런 사나이
> 커피 식기도 전에 원샷 때리는 사나이
> 밤이 오면 심장이 터져버리는 사나이
> 그런 사나이……

가사를 음미하다보니 다음과 같이 강남이 분석되었습니다.

> 고리타분하지 않고,
> 세련된 매너와 서비스가 있고,
> 품격을 갖추고, 쿨하며, 따뜻하고,
> 여유를 갖추고, 섹시하며, 감각적이며,
> 열정적이며, 신사고를 갖춘
> 도시이상형 리더십 있는 강남!

강남스타일은 멀리 있는 것이 아닙니다. 강남은 이미 존재하고 있고 기본 인프라를 갖추고 있습니다. 가사의 내용을 확인하고 더 확실하게 옷깃을 저미어주는 일이 지자체의 과제가 되었습니다. 새로운 것을 경험없이 추진력만 믿고 시도하다가 실패한 지자체가 무수히 많습니다. 강남구는 발빠르게 '도시관광과'를 개설하고 적지 않은 땀을 흘리고 있습니다.

강남이 새로운 인식변화의 요구에 대응해야 할 중차대한 시점도 맞이하고 있습니다. 결국 지도자의 역량과 공무원들의 열정이 다시 한 번 빛을 발할 순간입니다. 일본에서는 90년대 후쿠오카가 새로운 행정서비스로 도시를 차별화했고, 2000년대에는 요코하마가 디자인으로 세계를 놀라게 했지만, 같은 일본에서 2006년에는 법제도와 사회적 환경이 우리와 매우 비슷한 홋카이도 유바리시가 파산했습니다.

보여주기식 도시개발로 주목받던 두바이가 2008년 세계금융 위기를 맞이하며 하루아침에 주저앉았습니다. 이러한 사례를 견주어 돌이켜보면 대한민국 리스크라는 내용 중에 지자체가 가장 크게 자리잡고 있고, 돈이 새나가고 있다고 인식하는 국민이 많습니다.

몇 년 사이 지자체의 호화청사 논란이 일기도 했습니다. 하지만 강남구는 청사만큼은 초라할 정도로 검소하게 건물들을 리모델링해서 사용하는 것을 보고 지자체의 내실은 청사의 규모로 결정되지 않는다는 것을 알게 되었습니다.

숨막힐 듯한 도시의 획일성과 강화된 시민의식을 변화시키며 꼭 해내야 할 일은 컬처노믹스Culturenomics입니다. 이것은 문화를 집중시켜 고부가가치를 창출합니다. 도시경쟁력을 높여 경제적 풍요를 가져옵니다. 문화가 부족한 강남에서 강남도시에 대한 강렬한 인상을 앞당긴 싸이는 박씨를 물어다준 격입니다.

강남다운 세련미를 갖춘 문화 인프라의 확충을 위해서는 계획, 예산, 설득, 설계, 감독, 시행 등 모든 절차가 중요하겠지만 지자체장의 문화적 감흥과 그에 따른 의지가 가장 큰 부분을 차지합니다. 그에 따른 공무원들의 노력과 실천이 두 번째입니다.

70, 80년대 이후 공장지대로 방치되어 브라운 필드Brown Field로 일컬었던 스페인의 빌바오 신화, 템즈 강변의 테이트모던 미술관, 뒤셀도로프 외곽 티센 제철소의 문화공간으로의 변모, 베이징 군수공장지대의 다산츠(大山者) 예술특구 등의 공통점은 도시기능이 덜 미치는 지역이라는 것입니다. 우리는 이들 도시문화재생이 보여준 문화의 힘이 무엇인지 느끼고 있습니다. 이것은 도시에서 산소와 같은 역할을 하고 있으며 도시생존의 법칙과 철학이 그 안에 담겨 있습니다.

강남은 브라운 필드와는 비교할 수 없는 완전한 무형자원을 이미 '한류'와 '오빤 강남스타일'이라는 이름으로 확보한 상태입니다. 도시기능 또한 장려, 재생, 전환 가능성을 가지고 있어 강남의 한류로 이끌기 위해서는 K-POP 충격을 그대로 흡수시키는 전략이 절대적으로 필요합니다. 이미 강남은 장기추진사업의 하나로 'K-POP 공연장'을 학여울역 부근에 건립하고자 추진 중입니다.

K-POP 전용공연장이 국내에 없으니 강남구에서의 추진은 필연이 되었습니다. 또 하나는 '한류스타거리'를 조성할 계획입니다. SM엔터테인먼트사와 JYP엔터테인먼트사의 거리를 잇는 1.08km 압구정, 청담동 일대의 거리를 이을 계획도 추진중입니다. 이것은 이미 2년 전 중구 충무로 일대를 한류거리로 추진하려다 중단된 사례를 타산지석他山之石으로 삼아야 합니다. 의욕만 앞선 관료적 접근이었을 뿐 아니라 프로젝트에 참여했던 지식인들의 문제통과식 안일함이 문제였습니다.

연예기획사는 현실적이거나 직간접적인 상호작용에 의한 동반상승 효과를 가져올 수 있는 환경인프라를 구축하는 것이 우선순위일 수밖에 없습니다. 그런 면에서 강남구의 거리지정은 적지 않은 설득자원을 이미 확보하고 있다고 봅니다. 거리에 스타들의 수적手跡과 족적足跡을 남기고 미디어 폴을 세운다고 해서 스타거리가 형성되지는 않기 때문입니다. 할리우드의 스타거리는 끊임없이 스타들이 이 거리에 나타난다는 밀착감을 가지고 있습니다.

'관광정보센터' 건립을 기점으로 중간브로커의 이익을 차단하여 국제고객들에 대한 질적이며 성숙된 밀착서비스 또한 이루어져야 합니다. 의료관광 연결체계, 숙박시설 연결체계 등은 강남스타일을 더욱 세련된 서비스로 차별화시켜 줄 것입니다. 민·관이 공동관심사로 상호협력체계를 구축해야 합니다. 세계사람들은 손에 잡히는 서비스를 '강남스타일'로 기억하기 때문입니다.

이외에도 무형자원을 활용한 축제나 이벤트를 계획하고 운영한다면 도시는 역동적으로 살아날 것이며 신명나는 거리로 거듭날 것입니다. 개발과 보존, 계승은 계속되어야 하고 질적 경쟁력도 확보해야 합니다. 경제만 강한 도시에 문화가 필연으로 개입되고 녹지공간과 쾌적성을 확보하면 강남구의 완성은 이제 눈앞의 일입니다. 어렵지만 계획없이 서두르지 말고 물러섬없이 나아가는 강남구의 구청장과 공직자들이 한류청장韓流廳長, 강남스타일맨으로 불리길 기대해봅니다.

지자체 성공학

이제 도시디자인은 선택이 아니라
필수가 되었고
지도자의 의지나 안목이 절실히
요구되는 시대가 되었습니다.
이러한 현상은 세계가 도시디자인
무한경쟁시대로 전환되었음을
대변합니다.
이제 지방자치시대의 도시는
경쟁의 가속이나 관심이
더욱 절실할 수밖에 없습니다.

우리는 오랜 역사를 통해 도시를 만들어왔습니다. 수도가 정해지면 그 수도는 통치자의 역량과 견문을 통해 독특하게 건설되거나 민족의 전이적 배경을 통해 자연스럽게 형성됩니다. 도시를 디자인했다는 로마 최고의 지도자 아우구스투스가 통치적 개념과 심미적 개념을 조합하여 인류역사상 가장 위대한 도시 로마를 완성한 사례는 도시가 세계사에 얼마나 지대한 영향을 미치는지 보여주는 사례입니다.

이제 도시디자인은 선택이 아니라 필수가 되었고 지도자의 의지나 안목이 절실히 요구되는 시대가 되었습니다. 이러한 현상은 세계가 도시디자인 무한경쟁시대로 전환되었음을 대변합니다. 지방자치시대의 도시는 경쟁의 가속이나 관심이 더욱 절실할 수밖에 없습니다.

이제는 도시도 철저한 마케팅개념으로 인식해야 합니다. 스페인의 마케팅이론가 리처드 노먼 교수는 흥미로운 연구이론을 제창했습니다. 결정적 순간(Moment Of Truth : MOT) 이론입니다. 마케팅의 성공과 실패를 판단하는 결정적인 때를 설명하는 이론으로, 사람이 서비스 품질을 판단하는 데 걸리는 시간은 놀랍게도 평균 15초 정도랍니다. 그러므로 도시를 거쳐가는 사람들은 15초에 더하기가 아닌 곱셈 개념으로 받아들여 머릿속에 이미지와 인상을 고착시킨다는 것입니다.

이 현상은 여간해서 이미지를 바꾸기가 어렵다고 말하고 있습니다. 보이는 것이 아름답고 매력적이라고 느끼는 비주얼시대에는 그 이론이 더욱 설득력있게 와닿습니다. 사실 어디라 할 것 없이 우리의 모든 지자체는 갈 길이 멀기만 합니다. 탈인구현상의 보전문제, 신동력산업의 육성, 인근도시와의 경제적 경쟁력확보…… 등 도시디자인은 어느 날 뚝딱 변모시키지 못합니다.

사람들이 MOT이론처럼 순간적 결정에 영향을 미치기 위해서는 지방의 인문人文과 지문地文을 철저히 찾아내어 그것들을 재해석해야 합니다. 어설픈 답습이나 타도시를 흉내내는 것은 금물입니다. 머무는 도시는 기능과 편리성이 전제되어야 하며 그리운 추억 같은 도시는 그 도시의 표정과 색깔이 담겨 있을 때 가능합니다.

도시는 빠름과 느림이 적절히 공존해 있는 것이 가장 이상적일 수밖에 없습니다. 교통 및 물류인프라·산업·정보·통신·교육·행정서비스 등은 빠르고 합리적이어야 하고, 역사문화·전통·환경·도시생태·도시디자인·교육·문화·주거 등은 느리고 '사람중심'이어야 합니다. 느림에 대한 동경이 사람들 마음에 고향처럼 존재하는 이유는 자연의 산물을 보면서 그 위대한 절대성, 부인할 수 없는 역사에 순응하며 살아왔기 때문입니다.

최초의 인류부터 지금까지 자연은 인간 누구에게나 시·공간적으로 공평하게 땀에 대한 결실과 대가를 정직하게 남겨주었습니다. 지속가능한 생존방식을 인류에게 가르쳐왔다고 볼 수 있습니다.

그러나 인류는 근대 200년 동안 도시 모듬살이를 하면서 스스로 공존이 아닌 파괴의 존재로 전환하는 강성바이러스를 가지게 되었습니다. 빠른 것에 대해 익숙해져가고 그 가속도는 시간이 갈수록 더 심화됐습니다. 사회는 공존의 존재라기보다는 공포의 대상으로 인식되기 시작하며, 누구나 할 것 없이 상대적 박탈감에 시달리는 기현상이 나타나고 있습니다.

도시가 사람을 치유하는 프로그램을 만들어내지 않으면 미래는 암담할 것입니다. 조직화 – 구획화 – 규격화된 도시는 숨쉬기조차 어려워졌습니다. 인간은 신을 모방한 생명의 비밀도 알아냈고, 정보통신혁명 등으로 숨을 곳 또한 무너졌으며, 돈 없인 한 발자국도 내딛지 못하는 물질만능시대가 되었습니다. 도시가 인류에게 무엇인지 의문과 회의가 드는 독선의 자본도시가 되었습니다.

위대한 근대건축가였던 르코르뷔지에는 말했습니다.

주택은 사람이 살기 위한 기계
A House is a machine to live in

덧붙여 말했습니다.

우리는 도시의 밀도를 높여 도시중심부의 혼잡을 잡아주어야 한다.
또한 교통소통을 향상시키고 공개공지의 양을 늘려야 한다.
우리는 백지 위에 건설해야 한다.
현재의 도시는 기하학적으로 지어지지 않아서 죽어가고 있다.

르코르뷔지에의 생각대로라면 파리는 과거의 어떤 건물도 남겨두지 않은 절망의 도시가 되었을 것입니다. 인구의 폭발적 증가를 예견한 건축가의 이론이라 할지라도 도시에서 빠른 성장만 추구한다면 과거는 모두 사라지고 현재만 존재한다는 얘기입니다.

숨가쁘게 무엇에 홀린 듯 도시를 만들어온 인간은 이제 두 가지 숙제를 안고 있습니다. 최고의 건축가도 사려 깊지 않은 식견으로 도시를 이해했듯, 도시디자인을 자칫 무계획적이거나 즉흥적으로 집행해서는 안 된다는 점입니다. 또한 느림의 감성과 빠름의 이성을 어떻게 조화시켜 갈 것인가, 이 두 가지 과제에 주목해야 합니다.

도로와 정보통신 그리고 안전시스템 등 사회간접자본과 치안에 대해서는 빠른 대응으로 맞서야 하겠지만 무엇보다 '사람이 먼저'임을 앞세워야 한다는 것입니다. 시간과 장소성 그리고 인문과 지문을 이해하고 느림의 미학을 적용하여 사람 사는 도시를 만들어야 합니다.

디자인은 가장 효과적인 느림의 표현입니다. 법과 규제보다 앞서는 것이 디자인이어야 한다는 것은, 공공성이 존재한다면 그렇게 공감하기 어려운 일은 아니기 때문입니다.

소규조수蕭規曹隨라는 유명한 고사성어가 있다.
중국 한나라의 고조 유방 때 재상이었던 소하가
제정한 법규를 차기 재상 조참이 따른다는 뜻.

소하가 뛰어난 안목으로 만들어놓은 제도와 형식을 조참이 그대로 수용하여 완성했다는 말입니다. 단체장이나 공무원들의 생각이 현재의 결과물로 반드시 나타나야만 직성이 풀리는 일이 아니라는 것입니다. 조참의 계산된 게으름과 겸손함은 오히려 한나라 장중한 역사의 기틀이 되었다는 사실을 한번 눈여겨볼 일입니다.

디자인을 두려워하는 지자체

타 지방도시에서도
서울시와 동일하게 출혈경쟁을
부추기고 설계비의 비현실화에
동참하고 있습니다.
공모에서 완성까지
모든 과정에서
학습과 소통을 무시하고 만든
결과물은 조악할 수밖에 없습니다.

일본강점기를 벗어나면서 우리는 관료주의에 대한 민감한 경험들을 얻었습니다. 관료주의는 현실과 이상, 관청과 주민 사이에 높은 벽으로 서 있는 듯한 생각이 들게 하는 용어입니다. 우리나라 지자체는 향토적 색깔이나 정체성이 분명해서 어느 지역을 여행해도 그 맛과 멋이 풍부합니다.

지역의 뚜렷한 정체성은 접근성과 관련이 많지만 더불어 얼마나 노력하는가, 라는 점도 중요하게 작용합니다. 삶의 패턴, 특별한 음식문화, 사투리, 색채와 형태, 날씨와 환경 등은 오랜 세월 동안 형성되어 온 위대한 유산이자 보존해야 할 보편적 가치입니다. 제아무리 전라도의 멋과 맛이 좋다고 해도 제주도에 그 맛을 끌어들일 수 있을까요. 그런다고 제주도가 갑자기 전라도로 변할 수 있는 것도 아니고, 제주도는 역시 제주도이니까요.

서울시가 도시 공공디자인을 시작하자 어느 지자체나 할 것 없이 공공디자인에 참여하고 있습니다. 이러한 현상은 박정희 대통령이 추진했던 새마을운동과 맥락을 같이하는 거대한 물결로 봐야 하겠습니다.

지자체는 디자인이라는 뜨거운 감자에 몸살을 앓고 있습니다. 디자인이라는 용어가 사용된 지 아직 100년도 안 되었습니다. 해석에 따라 아웃라인을 잡기도 쉽지 않습니다. 그래서 수치화하기 힘든 감성적 부분입니다. 도시 공공디자인은 누구에게나 만족할 만한 결과를 내기가 어렵습니다. 더군다나 아무런 경험이 없는 지자체의 디자인개발은 관리하기가 쉽지 않겠지요. 결과적으로 지자체 지난 5년 동안 제가 내린 평가점수는 30점입니다. 시도하려는 의지에 10점, 지역정체성의 차별화 노력에 10점, 그리고 노력에 비해 20점은 너무 인색하다는 생각이 들어 덤으로 주는 점수 10점입니다.

이러한 결과를 모두 공무원 탓으로 돌릴 수는 없지만 단체장과 공무원들의 관료주의적 태도에도 문제가 많습니다. 디자인, 설계비의 인색함이 가장 큰 문제입니다. 서울시가 적은 비용으로 디자이너들의 영혼을 슬프게 한 선례는 지자체의 표본이 되었습니다. 공무원들의 안정적 선례수용 제일주의와 맞물려 현실은 더욱 어려워졌습니다.

서울시가 역동적 변화와 거대한 이상을 앞세워 시도한 도시 공공디자인 사업이 제 모습을 찾지 못하고 있습니다. 그들의 권위주의적 태도와 절차 때문에 꿈을 가지고 시작했던 공공디자인 회사들과 디자이너들은 이제 설 자리가 없어졌습니다. 그들은 출혈경쟁과 높은 인건비 등으로 두 손을 들 수밖에 없습니다. 타지방도시에서도 서울시와 동일하게 출혈경쟁을 부추기고 설계비의 비현실화에 동참하고 있습니다. 모두가 그렇지는 않지만 지자체의 권위주의적 심사와 브리핑문화 (1개의 프로젝트에 최소 5회의 단체장을 비롯한 공무원 관련위원회의 브리핑), 비전문적 지시태도, 위원회의 책임성없는 일방적 전달……. 이런 일들의 결과가 물리적 결과물로 도시를 채워가고 있는 실정입니다. 공모에서 완성까지 모든 과정에서 학습과 소통을 무시하고 만든 결과물은 참으로 조악할 수밖에 없습니다.

주5일근무제 시대가 되면서 지방과 수도가 훨씬 가까워지고 있음을 피부로 느끼는 시대가 되었습니다. 고속도로나 국도를 타고 이동하면 여지없이 지역경계를 알리는 사인물이나 이미지를 보여주는 캐릭터들이 눈에 들어옵니다. 지나칠 만큼 경쟁적으로 크게, 많이, 높게 세워지는 이미지물들은 오히려 방문객들 마음을 불편하게 만들기 십상입니다. 도시의 간판 '더 크게, 더 많게, 더 튀게'는 우리 모두를 병들게 하는 심각한 시각공해입니다. 그나마 이제 더는 방치할 수 없다고 인식하기 시작하여 다행입니다. 문화의식이 변화되어 그나마 구시대 상업주의 산물인 간판문화가 잘못되었음을 알게 되었다는 것은 중요합니다.

지방자치시대가 열리면서 합리적 경영과 정당한 경쟁시대가 열릴 것이라는 기대가 컸습니다. 그러나 각 도시에서 벌어지고 있는 검증절차는 뭔가 석연치 않는 구석이 있습니다. 혜안을 갖추지 못한 지방자치가 여과없이 지역상징물들을 마구잡이로 세우고 있는 모습은, 건강한 환경과 웰빙을 생각하는 사람들에 대한 배신행위입니다.

황소같이 크고 둥근 눈모양의 서양식 까치 등 害해가 되는 생물체가 버젓이 우리나라 상징인 양 사용되고 있습니다. 작은 것을 수백 배 확대한 몬스터 조형물들, 캐릭터 요소를 가지고 서로 싸우는 지자체의 비열한 행태, 철저한 준비와 예산 및 연구없이 양산되는 지방자치 이벤트……. 이는 모두 단체장의 성향과 선거공약 치적성과주의, 편의주의가 낳은 결과라고 볼 수밖에 없습니다. 물론 사전의 철저한 기획과 관리로 긍정적 성과를 내는 지차체도 적지 않습니다. 그러나 언제든지 불합리를 양산할 개연성은 도처에 깔려 있음을 부인할 수 없습니다.

기업의 전유물로만 생각되었던 CI, 친근한 이미지의 캐릭터 마케팅이 자치단체의 홍보와 수익사업을 위한 도구로 활용되면서 과잉경쟁이 일어났습니다. 총 230여 개 지방지자체 중에 200여 곳이 캐릭터를 개발했거나 개발하고 있습니다.

그들은 지역이미지 제고, 관광산업 활성화, 지역홍보 등에서 더 나아가 캐릭터 상품판매를 수익사업으로 끌어올린다는 목표까지 세웠습니다. 장기적으로는 만화나 애니메이션 등의 산업으로도 진출을 꾀하고, 지방고유의 특색을 살린 캐릭터로 주민의 일체감, 소속감 조성, 친근한 이미지 제공, 타지방에 주는 홍보효과 등 주민과 함께하는 지자체로 거듭나기 위해 많은 노력을 기울이고 있습니다. 이와 같은 지자체의 열정은 좋은 현상이며 칭찬과 격려를 보내야 할 일이라고 생각합니다.

그러나 대형 캐릭터를 도로 진입부나 공공건축물 주변에 설치하여 지역을 대외적으로 알리려는 노력은 오히려 조화와 균형을 깨고 있기 때문에 좀더 고심해야 할 문제입니다. 200여 개의 지자체가 경쟁적으로 개발하는 이러한 계획은 편가르기나 자기주장이 강한 모습으로 보여 오히려 그 가치를 하락시키는 결과를 초래할 수 있습니다.

도시 진입부 배경이미지의 중요성을 담은 한 박사논문에 의하면,

규모 → 형태 → 높이 → 색상 순으로
진입부의 경관에 영향을 미친다.

라고 했습니다. 규모가 커지면 인지가 높아지며 규모에 비례한 형태, 즉 (환경)시설물에 대한 디자인의 질도 높아져야 함을 의미한다는 말입니다. 캐릭터의 활용은 단순히 규모를 통한 인지성 확보와 지역 이미지 전달기능을 할 뿐입니다. 도로환경의 다양한 요소들 사이에서 조형적 질서를 부여하여, 하나의 총체적 환경으로 파악될 수 있도록 계획되지 않은 상태입니다. 이는 우리나라 대부분의 도시들이 안고 있는 현 실태가 아닌가 싶습니다.

과연 도시에서 인지성 확보를 위한 관료적 마케팅이 그 지역의 연상으로 기억될 수 있는지 의문을 가져봅니다. 가로경관의 시각적 선호도는 쾌적함과 정연함 때문입니다.

미국의 수학자 버코프(G. D. Brikhoff)는
M＝O/C라고 했다. 즉,
M : 미의 척도(Aesthetic Measure)
O : 질서(Order)
C : 복잡성(Complexity)

미의 질서를 수학적으로 정의한, 수학자다운 이론이 흥미롭기도 하고 명쾌한 느낌마저 듭니다. 일탈과 질서, 엔트로피로 대변되는 예측불가능성과 네그엔트로피로 대변되는 예측가능성이 적절한 비례를 이룰 때 사물은 가장 아름답게 보인다는 뜻입니다.

아름다움과 상관없이 무엇인가 일을 만들어내는 것이 디자인이라 생각하는 일반적인 몰이해가 문제입니다. 지자체의 가치관을 의심하게 합니다. 캐릭터개발의 신중성과 그것을 이용한 시설들의 규모나 주야晝夜의 색채이미지 등에 오히려 거부감이나 혐오감, 웃음거리가 되지 않는지 살펴보아야 할 때입니다.

지역 캐릭터가 그곳의 정체성과 독창적 이미지를 알리는 종합적이고 체계적인 마케팅 홍보시설물로 재정비될 때 Well-Being, Well-Looking이 있는 그야말로 다시 가고 싶은, 마음속의 고향을 찾는 이상적 지역이 될 수 있으리라 확신합니다.

잔불 하나에도 감사해하던 시대가 있었습니다.
밤하늘에 수없이 떠 있던 별빛이 지금도 가슴에 아련한
추억으로 자리잡고 있으매 그 마음속에 간직된 빛에
고마움을 느낍니다. 아버지의 큰 어깨 뒤로 비추던 달빛도
아버지의 고달픈 삶의 무게를 가늠하게 했던 윤곽에 대한
기억을 남겨주었습니다. 그것은 빛이 얼마나 고혹적일 수
있는가, 그 우아함에 대해 알게 해준 아름다운
추억이었습니다. 강렬한 햇빛은 어둠을 삼켜버리지만
달빛은 조용히 어둠을 밝히기 때문입니다.